余云德　舒凤云 / 著

做隐形父母

——个性化教育的家庭故事

SPM 南方传媒
全国优秀出版社
全国百佳图书出版单位
广东教育出版社
·广 州·

图书在版编目（CIP）数据

做隐形父母：个性化教育的家庭故事／余云德，舒凤
云著. —广州：广东教育出版社，2015.12（2023.7重印）
ISBN 978-7-5548-0845-0

Ⅰ. ①做… Ⅱ. ①余… ②舒… Ⅲ. ①家庭教育
Ⅳ. ①G78

中国版本图书馆CIP数据核字（2015）第226649号

出 版 人：朱文清
责任编辑：卢颖璇
责任技编：佟长缨
装帧设计：陈宇丹

广东教育出版社出版发行
（广州市环市东路472号12—15楼）
邮政编码：510075
网址：http://www.gjs.cn
广东新华发行集团股份有限公司经销
佛山市浩文彩色印刷有限公司印刷
（佛山市南海区狮山科技工业园A区）
787毫米×1092毫米　16开本　15.5印张　310 000字
2015年12月第1版　2023年7月第11次印刷
ISBN 978-7-5548-0845-0
定价：38.00元

质量监督电话：020-87613102　邮箱：gjs-quality@nfcb.com.cn
购书咨询电话：020-87615809

自　序

　　小时候的我，在父母甜甜的"走啊，走"呵护声中长大；后来，我的孩子也在我"走啊，走"的鼓励音里慢慢成长。一直，"走啊，走"的声音萦绕脑海……

　　"走啊，走"，至少有两个层面的意思。

　　其一，当然是孩子自己亲自"摸爬滚打"。我在住家小区广场就亲历了这样一幕。

　　两岁的男孩被奶奶抱进一辆玩具吉普车里，男孩双手放在方向盘上，很有一副老司机的"范"。可是，车子启动后，孩子的奶奶弓着腰，小跑在车子的右侧，左手扶着车身，右手不离方向盘，嘴里还不停念叨："向左打，往右转，转反了……"就这样持续了半个多小时。我看在眼中，怜在心头。可怜奶奶累得气喘吁吁，腰酸背痛，但我更可怜小男孩。本来是很开心的活动，整个过程，小男孩却面无表情。说句玩笑话，小孩心里也许不停地嘀咕："哼，不知是我开车还是奶奶玩车呢？"这奶奶真是吃力不讨好！不仅硬邦邦地霸占了孩子的自主权，还活生生地剥夺了孩子学习力发展的机会。我实在憋不住了，建议奶奶放手让孩子自己玩。小男孩的奶奶担心地说："不行啊！他玩很多次了，就是不会打方向盘，经常撞到路牙。"我没有放弃，好不容易说服奶奶坐在一边歇息，慢慢与小孩建立信任后，问他："你现在想把车开到哪里去？"小孩说："开到奶奶那里去，奶奶袋子里有巧克力吃。"我把手一扬："好！开过去吧。"车子一启动，"嘣"，撞到右边的路牙了。小男孩向奶奶寻求帮助，被我拦住了。他又可怜地望着我。我慢慢地走过去，在孩子视线里，轻轻地示意着帮助小男孩向左打了一下方向盘，车子跑了起来。"嘣"，车子又撞到左边的路牙了，小男孩再次回头向我求助，我微笑地摇摇头，摆摆手。小男孩感觉求助无门，便学着我向左打了一下方向盘，不行……再向右，车子又跑了起来。就这样，小男孩在磕磕碰碰中，在歪歪斜斜里，终于将车开到奶奶休憩的地方了！其间，奶奶不止一次地想冲进来帮忙，都被我阻止了。车子停在奶奶身边，奶奶惊呼，孩子也有成就感！就这样，孩子在跌跌撞撞中很快学会了开车。孩子高兴，奶奶舒服。

孩子，是自己"走"成的。他们不断地在"走"中提高实践能力，并在实践中体验，在体验中感受，在感受中感悟。

"走啊，走"，第二个层面的意思是：让孩子走在前面。

很早以前就读过这样的故事，路人问智者到罗马还要多长时间，智者说了一个"走"字。路人奇怪地再问，智者还是只说一个"走"字。路人很生气，责怪智者答非所问。智者平静地反问路人说："你不走，我怎么知道你走路的速度？怎么知道你要走多少时间到达罗马？"教育孩子，就得以孩子为本，从孩子的实际出发。

记得1999年10月1日，深圳东门商业步行街改造后以崭新的姿态迎接宾客。那天，整条商业街人头攒动，我们一家人也在人流中，当时的感受是：与其说去购物，不如说是去凑热闹。因为想从人行道挤进门店都有点费劲。正当打消逛街念头准备去别处时，裤腿好像被人拉了一下，低头一看，原来是一个"洋娃娃"（一个外国小孩），一头金发卷曲着，大大的眼睛炯炯有神，充满了好奇，真可爱！这个小孩应该刚过蹒跚学步之期，一会儿工夫，跟跟跄跄走到了我们前面。奇怪，如此小孩，怎么没大人抱着？至少是被牵着呀？还居然是在杂乱的人群中"穿插"。担心之时，忽地发现孩子腰后系着一根带子，还是绿色的如部队战士捆扎背包用的那种帆布带，我循着带子回头看去，两三米远处的带子另一头是一手柄，手柄被握在一"老外"手中，带子还可以因为孩子走路的快慢而自动伸缩。妙！

此情此景，我油然想起遛宠物小狗来（尽管如此比喻不恰当）。小狗总是蹦蹦跳跳的，总是小跑在主人前面，小狗因为很自主，当然也就很快乐！

"对！"我倏地惊醒，"让孩子走在前面。"

孩子走在大人前面，成长过程中就充满乐趣，因为路，是他自己发现的。孩子走在大人前面，也有利于孩子创新精神的培养。

我们再让思路回到开玩具吉普车的小男孩身上。半年后的又一个周末，阳光明媚的广场上，两岁半的小男孩游刃有余地驾驶着玩具吉普车。一个6岁的大男孩一直锲而不舍地跟在车的屁股后面跑，跑了很久。趁小男孩停了车，大男孩终于开口了："弟弟，给我玩一下好吗？"小男孩脱口而出："不，我还要玩的。"大男孩又跟着小男孩的车跑了几圈后，又说："弟弟，你再玩一圈，就给我玩一圈；我玩一圈后再给你玩一圈……这样，好不好？""好！"小男孩稍加思索后回答。小男孩驾驶了一圈后，果然停了下来，换上了大男孩；大男孩玩一圈后也守信用地换给小男孩……两个孩子有说有笑，其乐融融。不可否认，两个孩子一起玩的过程中学习了交际，学习了互助，学习了体谅……广场一角，坐着一个男人，是孩子的爸爸，始终没说一句话，低着头，悠然自得地剪着指甲。我纳闷：这位爸爸的指甲怎么这样难剪？都剪了一个小时了。我数了数，他双手也就10个指头，没比别人多长出指头呀。

我显然产生这样的奇思妙想：如果那位爸爸一直盯着小男孩玩车，或者指手画脚，还会发生上面唯美的情景吗？一定不会。有大人教育两个男孩吗？没有。但仔细想想，是有的。谁？就是这个小男孩的爸爸。"教育"的"教"字，甲骨文中左边指孩子在学算术，右边的反文旁就是成人高举着鞭子；"育"字则指女人临盆，意味着弱小的生命要精心呵护，无声地培育。很明显，小男孩的爸爸虽没有"教"，但是典型地"育"了孩子。他低头剪指甲，也许是无意的，也许是故意的。他用特殊的行为，把自己隐藏起来，给了两个小家伙以自由、安全的活动时间和空间。

由此，我惊叹——教育专家在民间！我倡议——让孩子走在前面，做隐形父母！

做隐形父母，是对孩子的信任。信任是父母送给孩子最好的礼物。只有信任，才会尊重孩子的想法；只有信任，才会放心孩子的脚步；只有信任，才会理智地引导孩子，帮助孩子自我发现，自我设计，自我调整，自我实现。作为父母，如果感觉越轻松，孩子可能成长越好；相反，如果感到非常劳累，可以肯定地说，父母的教育思想和行为出问题了，极可能在很多事上越俎代庖了。

做隐形父母，说着容易可做起来很难，尤其是对自己的孩子，那份爱的"割舍"，谈何容易。综观目前的家庭教育，大多数家长很用心，可方法主要以管教为主，处处充满痕迹沉重的干涉。因为担忧和焦虑，许多父母生怕孩子走不好，走弯路，牵着孩子走，监督孩子走。好像如果不是这样，孩子一定输在起跑线上，一定以后只会"修地球""拉板车""捡垃圾"一样。

于是，我们有写书的冲动，主要用我们培育自家双胞胎儿子欢欢和乐乐的事例，传递一点教育理念和做法，以供父母们探讨，也积善成德。

在"走啊，走"的有声和无言中，平静地跟在孩子的后面，做隐形父母！

人要学会走路，也要学会摔跤，而且只有经过摔跤，他才能学会走路。

——马克思

目　录

CONTENTS

第八章　用惩罚唤醒孩子

第一章
用尊重放飞孩子

　　人民教育家陶行知先生在讲课时曾经演示了这样生动的一幕：先生亲手抓一只鸡走进教室，在讲台上撒下米粒，向下按着鸡头强迫鸡吃米，鸡拧着脖子，坚决不从；先生又扒开鸡嘴，往里面硬灌米粒，鸡还是昂着头，挣扎着不吃；先生松开手，只见鸡在讲台上甩甩头，抖抖毛，自由活动了一会儿，悠然自得地吃起米粒来。

　　我们常说"以人为本"，首先就是要把孩子当成"人"。孩子是活生生的人，有主见，能主动。父母要倾听孩子的想法，去理解，去尊重。尊重生命，尊重孩子内心发展要求，像农民让庄稼自由茁壮成长一样，顺其自然，因势利导，实施绿色教育。让孩子自己主动地"要"，而不是父母"好心"地"塞"，让孩子轻松愉快、生动活泼地发展，让孩子成为该成为的那个人。

在玩具商店，营业员阿姨见俩儿玩得高兴，非常热情地怂恿儿子："叫爸爸买玩具。"两个儿子几乎不假思索地齐声说："爸爸说没有钱，我们只是看看！"

我育双胞胎

妻子十月怀胎，1992年2月26日是预产期。那天，我家的双胞胎儿子出生了，共有14斤1两，创造了当地医院妇产科生产重量的最高纪录。

"好福气啊！"亲朋好友纷纷祝贺，我也笑得合不拢嘴。但背地里想，不知是"福"还是"气"！

初为人父，又是双子临门，却叫我措手不及。就说那取名字，让我绞尽脑汁。我姓余，孩子未出生前，我就与妻商量好了，不管是儿子还是女儿，出生后取名为"余（与"娱"谐音）乐"。可现在面对两个宝贝，叫什么名字呢？我挖空心思，准备了几十个名字，报请妻子审定，可惜一个也没通过。妻子说，在"乐"字前面加个"欢"字不就可以啦。一个叫"欢欢"，一个叫"乐乐"。虽有点俗气，然妻怀胎十月，甚是辛苦，也就作罢。

儿子还是婴儿时，半夜经常醒来，需要轻轻拍打或抚摸，才能重新入睡。可是我的操作却往往不能奏效，妻子又气又笑地冲着我，不是叫"你怎么专门拍打自己的胸脯",就是喊"你摸我的脚干什么",我本能地一个鲤鱼打挺,坐了起来,还不知道发生了什么事。

任务更艰巨的是夜半帮儿子"放水"和"加餐"。两个儿子同时发出尿尿的信号,妻子被惊醒,忙抱起一个嘘尿,但又怕另一个在床上的儿子听到"嘘"的命令后也尿床起来,妻子连忙喊我。我本来就爱睡"死"觉,怎奈何这一夜之间,要起来五六次。妻子见我没动静,干脆一脚把我踹下床,我朦胧中连忙抱起床上的另一个儿子。儿子尿得舒服,还得喝得满意。否则,就是哭个不止。内地的冬夜,寒气袭人,我披上棉袄,赶紧又拿起奶瓶,窜到厨房,冲好牛奶,然后又是烧煮(那个时候的奶粉冲水后要煮开),又是冷却。牛奶冲好了,可我眼皮老是睁不开。妻问我:"牛奶呢?"我死劲想了半天,终于想起来我原来把

手拉手,好朋友

牛奶放进了冰箱降温（现在才明白人的创意来源于睡梦中，嘿嘿）。我从冰箱里取回牛奶，喂好了一个儿子。转身再拿另一个奶瓶，回到床边，抱起一个儿子就喂。"不对呀，为什么那一个还在哭？"正纳闷，妻直起身子说："你为什么只喂欢欢，不喂乐乐？"由此，我也荣膺"站着睡觉的人"这一"美"名。

儿子天性爱玩，我便满足他们的要求。在儿子两三岁时，我常常带他们逛逛商场，特别是玩具商店。但看得多买得少，因为当时支付能力着实有限。他们从小我就说："邻居一个小孩吃一个饼只需要一元钱，我们家两个小孩就得两个饼，需要两元钱。所以，我们该怎么样呀？"两个小孩很懂事："节约。"在玩具商店，营业员阿姨见俩儿玩得高兴，非常热情地怂恿儿子："叫爸爸买玩具。"两个儿子几乎不假思索地齐声说："爸爸说没有钱，我们只是看看！"弄得我既心酸又哭笑不得。

好不容易，两个儿子已满4岁，喜欢一起玩了。哪怕洗碗的活也要一起干，一个用小凳垫脚，在水池前洗，一个则在下面把洗完的碗筷收拾好。一日，我吃过晚饭，正在看中央电视台的"新闻联播"，乐乐跑过来，似乎很老实："爸爸，你又要打我们了。"我一看，只见厨房满地是水，欢欢站在水里正拿锅铲向水池舀水，我连忙也投入了"抗洪救灾"的行列。事后，我和蔼地询问这是谁的"杰作"。"是欢欢！""不，是乐乐！"怎么办？尽管我不停地赞扬他们主动做家务事和及时报告"汛情"的正确行为，可还是诱导不出结果来。这样"审讯"了一个多小时，见两个儿子泪眼汪汪，只好暂停。直至次日，我突然想到并讲起《诚实的列宁》的故事，鼓励儿子勇敢地承担责任，做

"小男子汉"。我做饭时，乐乐跟在后面，低着头说："爸爸，昨天的水是我和哥哥洗完碗后玩打水仗游戏时，我泼的。"

当然多的是断不清的"无头案"。两个儿子看了电视广告，吵着要我买乐百氏钙奶喝。我应允买了一板共5瓶，儿子很开心，一句"谢谢爸爸"没说完，各自拆开喝了起来。边喝边分配，再放两瓶等第二天喝，还剩一瓶硬要我喝，我说："明天我们三人一起喝吧。"没等到第二天，乐乐拿出两瓶，喊道："爸爸，乐百氏钙奶怎么只有两瓶了？""你喝啦？""没有！"我又把脸转向另一个儿子："那么是你啰？""不是我！"难道是藏起来了，我暗暗地到处找，也没找着。至今，这还是一个"谜"。

儿子快5岁了，妻没有和他们分开过一个晚上。一个偶然的机会，妻要南下到深圳工作。临走时再三吩咐："晚上不要睡得太死，把孩子照料好。"我满口答应。因为太热，空调开了一晚上，我一觉睡到天亮，醒来一看：我的妈呀，两个小家伙都光着身睡了一夜。可能是见我睡着后起来打闹的结果。下午，欢欢高烧，确诊肺炎，住进了医院。第二天，乐乐也发烧，不用诊断了，也直接抱进了住院部。一个病床同时吊起了两个输液瓶，够我受的。这倒是为我节省了时间和床位费，不像上次，一个出院，另一个紧跟着住院。

欢欢都会落落大方地回答:"弟弟读六年级,我现在休学在家。"

而在这之前,欢欢的回答由坦然——"弟弟读二年级,我读一年级"到黯然——"弟弟读三年级,我读二年级"。

一个跳级,一个休学

"欢欢乐乐,你们读几年级啦?"许多亲朋好友见到我的双胞胎儿子,难免要关心一句。每次遇到这个问题,欢欢都会落落大方地回答:"弟弟读六年级,我现在休学在家。"

而在这之前,欢欢的回答由坦然——"弟弟读二年级,我读一年级",到黯然——"弟弟读三年级,我读二年级"。

接下来,自然是轮到我和妻子来诠释了。

话要从孩子小时候说起。我这双胞胎儿子,同一个妈妈所生,同生于一家医院,同一时段莅临七彩世界,同进一个幼儿园,自然,同上小学一年级,但是,不同班。因为儿子认为两兄弟白天在学校分两个班学习,晚上回到家可以交流各自所得,取长补短。我和妻见儿子们有主见,便顺势认为这样也好,一是可以整合资源,利于追求教育合力最大化;二是"距离可以产生美"。

入学不到半年,差异开始显现。欢欢担任一个班的体育委员,不仅自己规规矩矩，而且学生队伍也被他整理得有条不紊。而乐乐担任另一个班的班长，老师三天两头向我们"告状"，说乐乐上课坐不住，不是说小话，就是做小动作。我和妻分析：乐乐从小思维活跃，可能是因为上课感觉太轻松，无所事事，没有压力，当然守不住纪律。最后商定：让乐乐跳级，读完一年级上学期直接读二年级下学期。

我和妻子把这一想法告诉俩儿，乐乐当然高兴，我们重点把目光移至欢欢："你跳级不跳级？"欢欢的回答是否定的。妻子还特地提醒一句："不怕别人说你比弟弟低一年级吗？""不怕！"回答是那么干脆。

第二学期，乐乐跳级读二年级了，欢欢仍读一年级。果然，避免不了亲朋好友要"关切"问"读几年级"的问题，开始一段时间，俩儿回答还算自然，尤其欢欢总是坦然地说："弟弟读二年级，我读一年级。""弟弟读三年级，我读二年级。"很多亲朋好友都会好奇地追问："你怎么比弟弟低一年级？"有的甚至不加思索地设问："是你读书不如弟弟？"这样，问的人多了，欢欢的眼神里就会闪现一丝黯然来。每次遇到类似尴尬的"关心"，我和妻子事后都要对欢欢说："不要当回事，只要自己学得开心就好！"但是，欢欢二年级没读完，终于提出"跳级"要求——读完二年级直接读四年级。毕竟"人言可畏"啊！

怎么办？好在我们有点做教师的"特权"，好在我们早有"预案"，我们开始实施第二步"攻略"。我和妻子故意激将欢儿："跳级很辛苦的哟，4个月内，先要补习好三年级许多没学过的知识。""没关系！"欢欢真的下决心了。果然，欢欢做得很棒，二年级读完后直接读四年级，与乐乐同步了，很顺利。

　　本来皆大欢喜，可欢欢特喜欢动手操作，每天放学回家，都要先做自己喜爱的小制作，这是他的"必修功课"。他早就扬言以后要读"北航"，什么飞机、飞船、降落伞……应有尽有，家里的地板、书桌、墙壁和柜子等到处"停"放着他的杰作。并且，欢欢"治学"严谨，对于老师布置的作业视为圣旨，必须一丝不苟完成。因此，他常常熬到深夜，有时边做边着急地哭。我和妻不忍心地说："过于简单的作业就不做了。"欢欢坚决不从。

　　欢欢读五年级下学期的一个晚上，妻子见他又忙到深夜，还不断地抹眼泪，心疼至极，无奈中，开玩笑地为欢欢放松："你这么忙，干脆重读一个五年级，好好玩一年？""真的？太好了！"欢欢眉飞色舞。

　　暑假结束了，妻子照例准备带领两个儿子报名读六年级了。欢欢突然说："妈，你不是说我再读一个五年级的吗？"妻子见欢欢一脸的认真，后悔玩笑开大了。

　　不过，我和妻子细想起来，重读也好！至少有以下几个支撑的理由：一是欢欢本来就跳了一级，年龄尚小。二是两个儿子学习风格不一。根据美国教育心理学家玛莉嫚·威利斯和维多莉娅·霍德森倡导的"学习风格理论"，乐乐是偏向"听觉类型学习者"，而欢欢则是典型的"触动觉类型学习者"。欢欢得尽兴地"玩"（动手实践），它不仅是一种很好的学习方式（只要是做过的，他都不会忘记），更能还儿子一个快乐的童年。三是欢欢可以集中更多的时间和精力练习小提琴，争取小学毕业前多考几级，说不定能单凭小提琴特长就能考取一所好中学。四是我和妻子也有个战略部署，头一年，我们先把精力偏重在乐乐身上，协助乐乐考取一所好一点的中学，积累经验后，第二年再把精力偏重在欢欢身上。

这么一想，决定欢欢重读，值！可是，当我们报请学校时，回答是否定的，说是义务教育阶段，不得留级，尽管我们一再解释是"重读"不是"留级"。那就转学。对不起，全区学籍管理系统联网了，转学后，系统显示还是"留级"。怎么办？泼出去的水如何回收？怎么跟一个十岁的欢欢讲清楚"政策"？妻子总是能"急中生智"："我们休学一年该可以吧！"

于是，便出现了本文开头的一幕幕。

我发现第一章里用了一个词——"什袭而藏"，并且用得很恰当。便问欢欢这个词是什么时候掌握的，欢欢说："就是写小说时，我想表述杰克珍重地收藏芯片，就翻成语词典，感觉用这个词表达非常准确，就用了它。"

"我于2002—2003学年休学在家，争取小提琴演奏考级提升两级、写10万字小说一本、读60万字的书、写20篇习作……以下是每天的作息时间和安排。"

休学在家

让十岁的欢欢独自一人休学在家，真是一个大胆的决定，只有妻子才会有这个魄力，我是断然不敢的，它将影响欢欢一辈子。当然，妻子的决定，没有我支持，自然也难以实施。

欢欢是一个很守规矩的孩子，是非分明，而且具备较强的自制力。所以，让他一个人休学在家，我们还是比较理智的。

2002年9月1日，是欢欢休学在家的第一天。一大早，妻子就带着乐乐上学去了，我也要上班了。欢欢显得非常开心，主动跟我们说"再见"！我们下班回家，欢欢喜滋滋地给我们汇报他这一天所做的事情：看书、练琴、玩游戏、做实验、看电视……还特别强调玩游戏时间严格控制在一个小时内。

第二天，第三天，我们一回到家，欢欢仍然是对我们津津乐道。

第四天，第五天，我们感觉欢欢反馈情况的积极性逐渐消退。我们敏感地问欢儿："一个人在家，怎么样？"欢欢两手一摊，无奈地说："好无聊！真想跟同学们在一起！""既然这样，那下周去上学喽。其实，你一个人在家，我们也不放心！你要想想这不是一天两天，也不是一周两周，而是整整一年！"欢欢沉思了良久，好像欲言又止，最后咬咬牙，说："还是坚持休学吧！"我和妻子鼓励欢儿，说："我们尊重你自己的意见。我们认为，只要主动想事做，你就不会感到寂寞的。"

开学第二周的周一早上，天突然下起了大雨，正准备带乐乐上学的妻子说了一句："哎呀，今天穿的皮鞋肯定会打湿。"万万没想到欢欢马上接住话茬："妈，你穿我的波鞋吧，反正我也不出门，用不着。"说者无心，听者有意。"是啊，欢欢自从休学在家……"妻子顿时心酸起来，背过身，泪流满面。我明白，这是妻子在心疼欢欢，在担心欢欢：欢欢一周都没出门了，这样整整要一年，他怎么过呀！

第二周的一天，欢欢高兴地说："妈妈，你知道吗？每天上午9点，我一听到旁边学校播放广播体操音乐，我就到阳台穿上鞋，跟着节拍做起操来。同学们在学校做，我在楼上也伴随着广播音乐做操，边做还可以居高临下地观赏全校学生，超爽！"我看见妻子欣慰地笑了。第二周过后，欢欢已经适应了平静的"休学在家"。

又有一天，欢欢开心地问："爸爸，我可以写小说吗？"我故意夸张地惊讶起来："好呀！"没想到此时的欢欢和盘托出早就草拟的小说题目、目录（如下）和部分正文。

封面：《杰克与他的宇宙飞船》（还设计了新式飞船图）

扉页：　　　　　目　　录

显然，欢欢已经写到第三章共两万字了。我真的惊叹了，爱不释手地欣赏起来。我发现第一章里用了一个词——"什袭而藏"，并且用得很恰当，便问欢欢这个词是什么时候掌握的。欢欢说："就是写小说时，我想表述杰克珍重地收藏芯片，就翻成语词典，感觉用这个词表达非常准确，就用了它。"欢欢的回答是那么平静，可我早就激动地大加赞赏起来。不仅因为欢欢学写小说，更因为欢欢学会学习了。小说中，类似这样的"惊人"之处还有很多，比如，文中的专有名词，在页脚备有注释，挺规范的；瑞星杀毒软件升级版叫"瑞阳"……我捧着欢欢的小说，笑着说："儿子，好好写，等你写完，我们向出版社投稿，争取出版发行！"（后来要上学读六年级了，儿子又投入到紧张的学习中，小说没写完搁笔至今，委实是一个遗憾。但我一直珍藏着这本未完成的小说，也把欢欢的行为一直珍藏在我的心里。）

又过了几天，欢欢仍在报喜："老爸，老妈，我制定了一个'休学一日作息时间'，请你们过目！"我和妻子争先恐后地看着"一日安排表"。只见"安排表"前面简单写了这样一段导语：

我于2002—2003学年休学在家，争取小提琴演奏考级提升两级、写10万字小说一本、读60万字的书、写20篇习作……以下是每天的作息时间和安排：

7:30　起床，洗漱，吃早餐

8:00　朗读课文，背诵经典诗文

8:30　熟记英语单词

9:00　做广播体操，自己给自己自由一下

9:30　写小说

11:00　练习拉小提琴

12:00　午餐

13:00　午休

14:00　阅读

15:00　小制作

17:00　写小说或习作

18:00　看电视

19:00　晚餐

20:00　练习拉小提琴

21:00　跟乐乐一起玩

21:30   洗漱，睡觉

我和妻子看着欢欢的"休学一日安排表"，不约而同地抱住了欢欢。因为激动，抱得很紧，欢欢在中间叫："哎哟，受不了啦！"我和妻子才幸福地松开手。

这份安排表规范科学，注意了劳逸结合，竟然出自一个十岁孩子之手。

当然，我们也就这样的安排与欢欢交换了意见："17时的写小说或习作最好与20时的练习拉小提琴对调一下，因为晚上拉小提琴既影响我们一家人的生活，也打扰了邻居。""感觉没有做数学题的时间。""锻炼身体的时间也少。"欢欢听后，说："我再修改。"

就这样，欢欢休学在家一年，"硕果累累"。单是看得见的成绩有：小提琴连考两级，并都是优秀；小说写了6万多字；做了大量的实验和小制作；写了十几篇习作；读了很多书……

儿子，休学，在家，整整一年！

是否参加游泳比赛，是否参加集训？矛盾中，我和欢欢乐乐妈妈商量，还是把这个选择题交由儿子们自己做。

两个儿子争先恐后，一个说："我们在那里抽空学习呀，我还可以把琴带到那里去练！"另一个也说："我让妈妈给我准备一些奥数题，到那里一样可以做呀！"

"少年若天性，习惯如自然"

欢欢乐乐从出生到现在，从没收过任何亲戚朋友的压岁钱。他们给人拜年，只要有人给压岁钱，他们都会说："谢谢！我们从没收过压岁钱的，请尊重我们的习惯。"

这要从欢欢乐乐出生说起。因为生育一对双胞胎，第一个春节，我们就想：亲朋好友的孩子都是独生子女，我们得给压岁钱；而我们家有俩孩子，人家要给我家孩子双份压岁钱——一个孩子一份，我们心里感觉很歉疚。于是，我们夫妻达成一致：不让孩子收任何亲戚朋友压岁钱。开始，人家不理解，我们解释说："想培养孩子一种习惯。"后来，慢慢地，欢欢乐乐也会这样边说边婉拒压岁钱。不过，我们每年除夕夜都会包好红包，分别悄悄塞进孩子的枕头底下，以祝福儿子。

儿子不收他人压岁钱，从小树立只有付出才有回报的意识，养成了比较好的习惯。

　　儿子4岁时，我们考虑到游泳是人的求生必备，又是很好的一种锻炼方式，想让儿子学习游泳。说来也怪，我发现，游泳很难在亲人间传授。小时候，我的亲人怎么教我，我都没学会。一次偶然的机会，有个大哥哥见我在水里玩，以为我会游泳但怕到深水区，一把把我夹到水中央，转身游走了。我突然遇到灭顶之灾，求生的欲望激发我本能地拨动四肢，咦，头居然能露出水面。我一边高喊"救命"，一边提醒自己不能呛水，居然划到了浅水区。我自救了，也庆幸由此体会到了游泳的诀窍。所以，我们决定到市游泳馆给儿子报名参加少儿游泳班，由陌生人教儿子游泳，儿子的学习效益会更高。

　　开始，儿子游泳兴趣高涨，可没有几次，儿子感觉很累，特别是教练把他们的手臂使劲往后扳，儿子疼得直流眼泪，我都不忍看下去而离开现场。欢欢乐乐对我们说："爸爸妈妈，我们不想去学游泳了。"我也感觉到游泳训练效率太低了，到目前为止，孩子还不会游，哪怕游一米远。但考虑这件事是有意义的，儿子开始是积极的，教练的方法是科学的，所以，必须得坚持。不然，儿子没学会游泳倒学会了"半途而废"。

　　儿子的妈妈也咬咬牙说："不行。想做好一件事就要坚持。还记得你们第一次进游泳池的事吗？一下水就哭起来。为什么？"乐乐说："因为我们不会游泳，害怕。"妈妈趁机补充："对啊，以后不会游泳，万一遇到大水怎么办？"见儿子们不说话了，我也在一旁帮腔："学游泳的钱交了退不回的，你们知道我们家钱不多。再说，那么多小朋友，还没有一个不学的呢。"妈妈语气缓和下来："爸爸妈妈知道学游泳又累又痛，教练说很快就过去了。你们不是看过《磨刀不误砍柴工》的故事吗？前面你们练的是基本功，叫'磨刀'，刀磨好了，砍柴就很快。接下来你们要下水学习游泳了，就是'砍柴'。"欢欢马上接上话茬："走，乐乐，我们去'砍柴'！"我们一家四人手牵手，有说有笑地奔向游泳馆。

随着时间的推移，每周五晚上，欢欢乐乐去游泳，已经形成习惯。

渐渐地，进入冬天，内地的冬天很冷，有时最低气温是零下4摄氏度。游泳馆条件也差，虽然是室内的，但水不是恒温的。两个孩子从来没说因为冷而缺课或者放弃游泳。因为习惯了，行为也就自然了。儿子游泳完毕，光着身子跑回更衣室，全身冷得直颤抖，嘴唇冻成紫色，还不停地断断续续地与我对话。那种情景，我至今还历历在目。那时，妻子已南下到深圳工作了，我一人抢着给两个孩子换衣服，一人一件地轮换，手忙脚乱，忙不过来。后来，幸亏有我的侄女帮忙。

欢欢乐乐冬天游泳虽然又冻又累，但乐此不疲。一个晚上，我们走在回家的路上，欢欢跟在一位大人的后面，然后紧跟几步，很自然地用小手牵着那位男人的手，嘴里快乐地吐着："刚才教练说我和乐乐可以参加市游泳比赛，然后参加省队。爸爸，什么是省队？"那位男人低头看了看欢欢，很配合地牵着欢欢的手，不说话。他们手牵手走了几米远。欢欢见"爸爸"不说话，抬头一看，才发现认错人了，很不好意思地松开手转身望着我们，两手轻握悬在胸前。走在后面的我、乐乐和我的侄女，偷偷地看着，笑着。非常惬意！

6岁后，欢欢乐乐到了深圳，自然地，还想练习游泳。这次在户外，专门由他们的妈妈陪同。一个暑假下来，几种游泳姿势都学会了。

半月余，他们三人突然出现在我面前时，我着实吓了一跳：怎么黑得如非洲人了？

2003年7月，刚放暑假，学校转告区里通知，要求我们11岁的双胞胎儿子代表区里参加深圳市第六届运动会游泳比赛。我们当然满口答应，只是需要连续一个月的封闭强化训练，我们感觉有点为难。因为正好在这个月里，欢欢要准备参加广东省少儿花会演出，乐乐已经被深圳中学的初中超常班录取，要参加那里的奥数暑期培训。

是否参加游泳比赛，是否参加集训？矛盾中，我和欢欢乐乐妈妈商量，还是把这个选择题交由儿子们自己做。没想到两个小家伙不约而同地说："参加游泳集训！"

见儿子们已经动心，我故意说："游泳集训不是夏令营，而是要备战全市运动会，肯定很辛苦的哟，而且是整整一个月呢！"

"不怕！"儿子们的声音是那样坚定。

我步步为营："欢欢的暑假作业什么时候做呢（乐乐因为小学毕业没有作业）？不参加少儿花会演出很可惜，但小提琴要天天坚持练，怎么办？乐乐没参加深圳中学培训，9月上学不就比别人差一些？"

两个儿子争先恐后，一个说："我们在那里抽空学习呀，我还可以把琴带到那里去练！"另一个也说："我让妈妈给我准备一些奥数题（孩子的妈妈是全国奥数金牌教练），到那里一样可以做呀！"

于是，儿子们兴高采烈地参加了区里游泳集训。

儿子很少跟我们分开，他们一走，我们突然有空巢的感觉，怪想念他们的。半个月后的一天，我终于忍不住了，突然去看望儿子。

来到孩子们的训练营，已经是上午11点半了。走进宿舍区，发现走廊上，树荫下，宿舍里，到处一片欢腾，几十个孩子有的三个一群地玩游戏，有的四个一伙地追逐打闹，有的聚在一起看电视，每一间宿舍门都是洞开着的。

原来，小运动员们上午的训练任务已经完成，现在是自由休息时间。

有间宿舍一直传出琴声，不用问，一定是欢欢在练习拉小提琴。我寻声来到这间宿舍窗户外，向里望去，只见我的两个儿子正背着窗户，一个站着，正全神贯注地拉着小提琴；一个坐在桌旁，正埋头专心做题。我不忍心打扰他们，站了十几分钟，儿子们仍未发现我。我还是抑制不住心中的激动，敲了门。

开门的是乐乐："爸！你怎么来了！"话音未落，乐乐已惊喜地扑在我的怀里。欢欢一听，也急忙把小提琴放在床上，转身扑了过来，我一手抱起一个，眼泪早已盈出眼眶。两个孩子都晒黑了，黑得像来自非洲，只剩两处眼眶才是白的（烈日下训练时戴了游泳眼镜的缘故）。松开手后，我赶紧拿出带去的零食，让他们与其他孩子一起品尝。看着这群孩子吃得津津有味，有说有笑，我不禁摸摸这个的头，拍拍那个的脸。等其他孩子离去后，我问儿子："你们怎么不和小朋友一起玩呀？"

"玩啊！"乐乐从小就喜欢抢话："我们每天把当天的学习任务完成了，再跟他们一起玩。"

"训练紧张吗？"

"还好，每天训练6个小时，上午、下午各3个小时。晚上，我们经常到教练家看大片。因为天太热，中午可以休息4个小时。所以，我们就是利用这段时间学习、练琴。"欢欢的话也多起来。

"累吗？"我又问。

"有点，每天上午要跑3000米，下午要游3000米。"这次轮到乐乐回答了。兄弟俩好像安排好了的，一人回答一次。

我随手在床上拿起一本余秋雨的《文化苦旅》，问："谁的？"

"宿舍里原来就有的。"

"看得懂吗？"我疑惑。

"闲暇时随便翻翻。"

"我发现其他宿舍没有课桌，怎么就你们这里每人都有一张呀？"

"我们请教练帮忙找来的！"

我真的感动了。我的双胞胎儿子小小年纪，不仅养成了坚持学习的习惯，还能自己想办法解决问题，不简单！

（训练一个月后，在深圳市第六届运动会上，儿子们奋勇拼搏，分别获得了少年组蛙泳第二名、混合泳接力第二名、自由泳接力第三名的好成绩。在紧接着的小提琴考级中，欢欢顺利通过八级，且获优秀。游泳训练期间，他们都完成了原定的学习计划，乐乐还高质量做完40份奥数试卷，为顺利进入深圳中学超常班学习奠定了一定的基础。）

不管他们兄弟将来的发展如何，在这一方面，我可以说，顺其自然，是最好的。感兴趣的，想学的，就让他多学。当然，要适当引导。始终记得：让孩子自由健康地成长。

这件事情我有责任，但我妈妈也要负责任，但主要责任是我，如果我先订正了，如果我先把试卷放进书包了，如果妈妈没有把试卷放进别的包里。可是世界上是没有如果的呀。

顺其自然

4岁的欢欢乐乐正在帮我剥龙眼干。俩兄弟剥得很认真，很快就剥了七八个。我脑海里忽然想到训练孩子数数。我问欢欢乐乐一共剥了几个，乐乐一边剥，一边手指着剥好的龙眼数数，数得清清楚楚，还大声地准确地报出了数量。我再让欢欢照样数数，可是欢欢就是数不清楚，连数几次还是不对。

同样是数数，乐乐就很清楚，欢欢就不是清楚，这是不是兄弟两个在数理方面的差异呢？

果然，在后来的生活中，乐乐利用它的数学脑袋经常欺负欢欢，让欢欢吃了不少的亏。比如：两个人喝娃哈哈，每人六瓶。欢欢喝得慢（他对吃的东西从来就没有感兴趣的），乐乐喝得只剩下两瓶后，就对欢欢说："哥哥，你看，你有六瓶，我两瓶，我们一共有八瓶，你要是给我两瓶，我就有四瓶，你也有四瓶，我们就一样多了。"欢欢二话不说，就马上给了弟弟两瓶，也不管自己到底是多了还是少了（这样的数学题是在小学二年级才遇到的，乐乐4岁就会了）。在后来的学习中，乐乐的数学很好，奥数竞赛获奖，小学毕业进深圳中学学习了，而欢欢根本就对奥数不感兴趣，他就没有学。我也没有逼着他跟乐乐一起学，他甚至因为喜欢动手实践的特点还休学了一年。兄弟俩后来的学习轨迹所以真就不一样。乐乐一直走的是竞赛这条路被保送进入北大，而欢欢就凭着他的兴趣，初中毕业后就被新加坡莱佛士书院全额奖学金录取了，并获得全额奖学金。

不管他们兄弟将来的发展如何，在这一方面，我可以说，顺其自然，是最好的。感兴趣的，想学的，就让他多学。当然，要适当引导。始终记得：让孩子自由健康地成长。看到人家学，就赶鸭子上架，不适合也去学，只有适得其反。

这一理念，从吴一舟著的《你的教育生态了吗》一书得到佐证。这本书，书名，有点新鲜，也有点迷惑，教育怎么跟生态扯上边了？原来作者只是借用了"生态"这个概念来表达自己的教育主张，教育也要跟搞环境一样，注意生态效应，要顺其自然，不能违背自然规律硬搞，否则的话，孩子的天赋得不到开发利用，反而会引起恶性循环。非常新鲜生动的一种教育主张。作者主张教育首先要尊重生命、尊重孩子，尊重孩子内心的发展要求。要真正着眼于孩子的发展、着眼于孩子心灵与人格健康的教育。他认为正确的教育方式应该是顺其自然、因势利导，做老师和家长的不应该一开始就设计好孩子的人生，而必须在一种自然宽松的环境下让他自由成长，逐渐发现他的天赋，然后才有的放矢地施肥灌溉，所谓"无为在行，有为在心"。"自然的成才观应该是让孩子成为他应该成为的那个人，而不是任何别的。"

这就是生态教育！

生态教育的思想特别重视孩子在整个教育活动中的地位和作用，强调教育应遵循孩子"自然的本性"，在孩子的成长过程中家长和老师应少加干涉，这样才能使孩子的天赋得以发展。

生态教育并不等于放弃教育，顺其自然也不等于放任自流。这里所说的对子女成长过程的少加干涉并不是指完全放弃对子女教育的参与，而是指在充分了解孩子的身心特点的基础之上的一种巧妙的引导，使孩子主动地成长而不是由父母推动子女的成长。正是因为这样，作者提出了他自己的成才观，他认为只要最大限度地发挥了孩子的天赋，那他就"成龙"了。

这里，还借用《庄子》的一个小故事，滋润"生态教育"思想。

惠施和庄子都是魏王的好朋友。一天魏王分别送给他俩一些大葫芦的种子，对他俩说："你们把这些种子拿去种在地里，会结出很大的葫芦。比比看，你俩究竟谁种的葫芦大，那个时候我还有奖赏。"惠施和庄子都高兴地领受了，并去种在地里。

为了能种出比庄子更大的葫芦，惠施非常用心，而且还每天施肥、除草。庄子的葫芦就种在不远的地方，但他从不施肥、除草，只是到时候来看看，见没有什么异常就自顾自地做别的事去了。

过不多久，惠施的葫芦苗一棵一棵地相继死去，最后一棵也没成活。而庄子的葫芦苗却长得格外好，慢慢地，都开了花结了果，而且都很大。

惠施觉得很奇怪，就请教庄子："先生，为什么我那么用心地栽培，所有的苗都死了，而您从来都不曾好好地管理，反而长得那么好呢？"庄子笑道："你错了，其实我也是在用心管理的，只不过与你的方法不同罢了。""那你用的是什么方法啊？""自然之法啊！你没见我到时候也要去地里转转吗？我是去看看葫芦苗在地里是不是快乐。如果它们很快乐，我当然就不用去管它们啦。而你却不管它们的感受，拼命地浇肥，哪有不死之理啊？"

惠施恍然大悟。

读着《庄子》的故事，我掩卷沉思，联想到实际生活。我班李XX有天没有带订正的试卷，我让她以书面形式把情况告诉我，她写了一份情况说明，全文如下：

昨天，老师发了数学试卷给我们改错，让我们今天带回来。

下午放学，我一回到家就打开书包把试卷拿出来，准备订正。改了一会儿，妈妈忽然就叫我去看英语语法，我就马上去看语法了，因为我想："看就看会吧，试卷等会儿再订正"。我就看了一会儿语法，又拿出试卷来订正，这时，妈妈又说："快来吃饭吧！"我又想，反正吃完饭后也有时间订正试卷，就去吃饭吧！于是就去吃饭了。

吃完饭以后，我刚要去订正试卷，妈妈又说："去散散步吧！"这时我拒绝了，如果我再去散步，就不会有时间订正试卷了。

当我订正好试卷后，妈妈叫我去看单词，我就把试卷放在一边，开始看单词。

就在一切开始就绪的时候，我突然想上厕所。这时候，妈妈走过来了，以为这份试卷是别的补习班的试卷，就把它放到英语补习班的包里了。我上完厕所后也没有发现。所以今天没有带来试卷了。

　　这件事情我有责任，但我妈妈也要负责任，但主要责任是我，如果我先订正了，如果我先把试卷放进书包了，如果妈妈没有把试卷放进别的包里。可是世界上是没有如果的呀。请老师理解我吧！

　　看到李XX的情况说明后，我有几点想法：作为家长，我们怎么来辅导孩子的功课，是让孩子自主学习，还是包办代替。有时学生没有带学习用具，就埋怨说是家长帮忙收的。有的家长就是不敢放手，好像不这样过问一下，就会出什么问题一样。殊不知，越是这样，孩子越没有主意，没有一点主见。另外，孩子在外面上的补习班越来越多，在学校的学习好像成了副业。一放学，就忙着上各种补习班，有的会上到晚上9点以后。不知家长想过没有，是学校为主，还是补习班为主？有的孩子学校的作业都没有时间来做，但补习班还是照上不误，到底是为了什么？家长这样做，是为了弥补自己没有时间管理孩子的缺陷还是花钱买安心？我也不是说所有的补习班不行，但总应该有个标准，孩子适合吗？对孩子有帮助吗？不要看到别人都在上，我就也一定要去！

　　但愿我们的家长，我们的教育工作者，在教育孩子的问题上，不要盲目跟风，给孩子一个平和的心态，多为长远着想吧。教育不能急功近利！

我一听，扶着儿子肩膀，坚决地说："儿子，你就按你自己选的化学去努力吧！"

我一门心思尊重儿子，但不知道怎么尊重。其实，在前面适当引路也是一种尊重！

与儿子一起成长

2006年9月开学第一周，刚刚就读高一的乐乐在吃晚饭时似乎在自言自语："我是选择物理还是化学呢？"我和他妈妈听后都笑了："哈哈，你想选什么就选什么。"因为我们都还沉浸在乐乐刚考进了"第七单元"的自豪中（深圳中学实行单元管理，高一年级一共20个班，前面18个班每三个班被编为一个单元，最后两个班为竞赛班，称为"第七单元"，一至七单元依次形象地拥有"赤橙黄绿青蓝紫"七种幸运色。第七单元师资配备明显有优势）。我接着说："别的学校都是到高二才选考X科，你们怎么这么早呀。果然第七单元不一样！"

第二天吃晚饭，乐乐兴奋地说："我已经决定选报物理！因为物理选拔考试，我考了全年级第一名。""是吗？！"我和他妈妈惊叹起来，一齐停住了夹菜的筷子，"那可是一千人考试哟！"我们不停地祝贺儿子，一种幸福感油然而生。

第三天吃晚饭，乐乐又冒了一句："我还是选化学吧。"我们十分诧异地问："为什么？昨天不是说已决定选物理吗？"儿子解释说："今天，化学老师找我和××同学一起谈了整整一节课。说学化学……"我愣了一下，说："也行，说明化学老师在乎你！"（化学老师一直是初中三年的科学老师，对儿子比较熟悉，而物理老师虽然是班主任，可毕竟不了解儿子。）

开学一个月了，我和妻子一起去学校校访，见老师。刚一落座，班主任兼物理老师就关心我们的乐儿来："他选学化学，是你们的意思还是他自己的主见？"我说："我们没有过问，尊重他自己的选择，随便他选什么。"没想到物理老师微笑着说："这，我就要批评你们了，这么重大的事情，你们居然不过问，那还做什么家长！"尽管老师很年轻，但我们明显感到他的严肃，我一时懵了，不知说什么好，还在无力解释："我们认为孩子大了，有自己的想法。"班主任口气缓和了一点："你们这种育子理念是好的，可孩子选什么科，关系到孩子以后就业方向。你们想过孩子以后从事什么职业没有？""还真没想过，因为我们认为孩子的兴趣就是最好的选择。"

"既然这样，我认为你的孩子选报物理比较合适。"班主任罗列了一系列理由："一是他在全年级物理选拔中考了第一名；二是以后物理就业面宽；三是大学招生中，学物理可报考的名校多，比如清华大学、北京大学都可报；四是学校本届学生中，已有3名化学尖子生，他们是从初一就开始主攻竞赛，而学物理的学生，目前都在同一条起跑线上。"班主任好像说不完，"××同学的父母得知××选了化学后，特地找我改选了物理。××同学的父亲就是清华大学学物理的。"

于是，我随口问老师："已经过了一个月了，我的孩子还能改选学物理吗?”

"当然可以,非常欢迎!"物理老师的回答很干脆。

回家的路上,我犹豫了。便开始了一个星期的上网、跑书店,查阅资料,打电话咨询。这个星期,是我最难熬的一周,脑海里成天想的是儿子选物理还是化学的问题,连车子都刮碰了3次。

在广泛的查找和咨询中,大多意见主张选修物理。最后,还是在晚餐桌旁,我咬咬牙,对儿子说:"乐乐,我们还是改选学物理!"说完,我突然一身轻松!

次日,再次赶赴深圳中学,准备把我们的决定告诉物理老师。来到学校,物理老师正在上课,我们在教室走廊等候了半个小时。也不知道为什么,脑海里总是浮现乐乐前一天晚上答应改选物理时的无奈神情。我对妻子说:"我还是很矛盾,是不是我们先回去,晚上再与儿子谈谈。"

这一次是晚饭后,我走进儿子房间,看着这几天都这样无精打采的乐乐,说:"老爸最后问你一句,如果你在学物理的过程中遇到困难或挫折,会不会后悔呀?"儿子想了想,还是很无奈地说:"可能会吧!"我一听,扶着儿子肩膀,坚决地说:"儿子,你就按你自己选的化学去努力吧!从现在开始,我们全家再也不提这件事了。化学选定了!"儿子释然,我们都释然了。

两年后的2008年9月16日,读高三的乐乐参加了全国化学奥林匹克竞赛,一举获得全省第四名的骄人成绩,顺利进入全国一等奖的行列,已经成绩骄人了,值得祝贺,也感恩化学教练,接下来,乐乐准备复赛入选全国化学冬令营(只要进营,就有读北京大学的希望。全国冬令营拟招180人，分配到广东的名额只有6个）。10月16日，乐乐在中山大学参加了复试。三天后，成绩揭晓，入营的广东省6人中，深圳中学有3人，就是那三个从初中就开始接受化学学习训练的。而乐乐正好居全省第七落选。

结果虽然在意料之中，但心里仍然不是滋味。尤其得知在物理竞赛方面，深圳中学也有两名同学进入冬令营，其中一位就是××同学。

我"痛"定思"痛"，不停反省：我应该高瞻远瞩，早早就关注儿子的成长路的！我应该广涉信息，帮儿子寻求广阔的读大学门路，我一门心思尊重儿子，但不知道怎么尊重。其实，在前面适当引路也是一种尊重！

好在乐乐还可以凭借化学全国一等奖的条件，有参加全国高等学校的自主招生考试资格，一样获得了北京大学的入学资格。

孩子的成长，成才，做家长的应该如何参与？对我还是一种考验。

不可能会有第二个欢欢，这个目前存在的生命体，不是一个代号。不管在将来多远，或者过去几万年，这个曾经叫"欢欢"的生命体就只有一个。

欢欢的妈妈一边说一边抹眼泪："我们有一个多么独立的儿子，我们应该自豪啊。可是我们为什么总是担心呢？在我们给他打电话之前，他就已经在思考了呀，会思考的孩子还要担心他什么？"

"不是所有人……"

18岁的欢欢，就读新加坡莱佛士初级学院（相当于国内的高中）。5月1日，将要参加自主报名的SAT考试。前一天晚上，我打电话给他，准备与欢欢聊聊天，可是儿子没接电话。5月1日晚上，考完试的欢欢来电话了，我拿起话筒就问："儿子，考试感觉怎样？"欢欢毫无掩饰地说："一般，作文跑题了。"我一时语塞，又问："昨天晚上怎么没接电话？"他说在听音乐会。

欢欢没感觉到我这边的气氛很紧张，毫不隐瞒地继续滔滔不绝：4月23日是莱佛士书院（相当于国内的初中）音乐会，他有一个小提琴四重奏的表演，他拉主旋律，这之前，他没有时间复习，小提琴是他的至爱，他会全力去准备的；23日之后，学校又有一个体育测试，还有学校的一些文化考试……他把考试前的这些事情统统告诉了我们。

欢欢说完，还居然问我们是否同意他参加他最想去的野外生存训练，这是设在马来西亚的一个实践活动。

我气不打一处来，第一反应是"你怎么把SAT考试当儿戏！"便把话筒摔给了他妈妈。他妈妈足足给儿子"软硬兼施"了一个小时。自然，那一夜，我们难以入眠。

5月2日清早，我打开电脑，上"人人网"，读了儿子的《不是所有人》，更是恼火，直接给欢欢留言：取消野外生存训练的计划。而他妈妈看了这篇文章，感觉做父母的与儿子的想法有很大的差距。下面是他的文章。

不是所有人……
——最近有点乱，帮忙理清思路

我是欢欢。

因为很少和其他人类真正接触过，所以我喜欢自己一个人思考，一个人回忆，就像在图书馆和自己的相簿里随便翻翻，扫扫灰尘，再装回去，可能忘掉，也可能几年后继续扫灰（所以说清理阁楼和地下室之类堆积记忆的地方是很费时间的）。生活中很多的片段其实是可以忽略的，毕竟学生的主业还是学习，毋庸置疑。但是我之所以说我有别人20年也学不到的东西，主要是因为我间歇性地体会到自己作为一个独立生命体的存在。这是一种非常spiritual的感觉，有自豪，有责任，有欣喜，有孤独，但是都不能全部描述，可能我还没有得绝症或者坐在即将坠毁的飞机上，想必他们是最能体会到生命个体的意义吧。

生命的独特性是我最坚持的。千亿个简单的化学反应同时进行造就你我他，百万个细胞的共同作用让我们行动、思考、选择。因为每个人的脑细胞synapses搭接快慢和内分泌腺的活性不一样（其实不可能一样，因为千万亿的联结点），所以每个人对于一个同样的外界刺激反应也不同。比如，别人扇你一巴掌，人有$1/n$的概率会去回击，$1/n$的机会会大骂，还有多少概率会把另一边脸也伸过去挨打就不知道了。把一个人受到所有刺激所形成反应的概率乘起来，（$1/n'$ $1/m'$ $1/x$……）你就会发现，5亿年以内你是不会再出现的。

从今天早上6点起床算起，我今天的流程足以证明我的存在：

不是所有人会蠢到5月1日去考SAT，而且大胆不准备；

不是所有人会站在路口等他预约的的士，哪怕那司机迟到15分钟；

不是所有人会在车上和司机大侃机场和自己的生活（他有两个孩子）；

不是所有人会感受到在新加坡快速路（AYE）上飙130迈的感觉；

不是所有人会接受司机给的"渔夫之宝"，然后开始聊糖；

不是所有人会在新加坡日出的时候出门，更不会看到残存的彩虹挂在略带红霞的天上，半满月亮悬在中间，渐渐被染红，更不会看到一架客机的尾烟从彩虹中间穿过，在月亮下延伸，然后慢慢模糊，消失，更不会有人能想象那可能是月亮在滚动而不是飞机在爬升。

在这15分钟的车程里，还有一个最特殊的经历。司机知道我要去考试后，问我要不要再来一些"渔夫之宝"，我当时傻乎乎问："can I take some？"然后他把一整袋就都给我了……

然后，不是所有人能够在考试前碰到一个欧美人，问她蠢问题，然后在考试的时候不巧坐她旁边，最后在地铁站里上车，一回头还是她；

不是所有人会在考试前被朋友说"你头发好长"后回答"很久没有剪了"；

不是所有人会在考完4个小时的SAT后觉得不累，然后在地铁上瘫软无法站立，同时发现自己有重感冒（大概是昨天染上的，然后长时间关闭身体的修复系统和部分免疫，导致发病）；

不是所有人会在考完SAT之后脑子里什么也不想，但就是躺在床上没法休息好；

休息不好，心情自然不好，开始幻想自己是狙击手，1000米狙杀CCTV台长。但不是所有人会在心情不好后自己练琴，3.5个小时，算是记录吧。慢慢地心情就软下来了，看到路边的蜗牛会联想到巴赫的柔板，感叹生命的复杂。

不可能会有第二个欢欢，这个目前存在的生命体，不是一个代号。不管在将来多远，或者过去几万年，这个曾经叫"欢欢"的生命体就只有一个。

我思故我在。

熬到上午11点，我再次拨通了欢欢电话："报考SAT，是我们共同做出的决定，目的是为你读大学多一个选择。既然决定的事，就要把它做好……"电话那头只是他机械的"嗯"的应付和代替。我还说了几句，儿子冷冰冰地说："爸爸，我们沟通困难。"我又气又急，生硬地挂断了电话。我知道欢欢从来都是等我们先挂电话的，他原来一直称呼我为"老爸",这次叫"爸爸",说明实在不想与我通话了。中午12点,发现儿子真生气了,连"人人网"的账号都注销了。真是鞭长莫及。我无所适从,便独自一人外出散心。其间,给儿子发了一条信息:

"欢欢,你不要折磨我们哟。我们首先为不能理解你向你道歉!正因为我们难以沟通,才要多沟通呀!你现在不想跟我们说话,连"人人网"都注销了,你要急死我们吗?从昨天晚上通了近一个小时的电话后,我们着实生气,一宿未眠。如果你努力了,没考好,完全可以谅解;如果是你不重视,不在意,我们认为你是故意为自己找理由解脱,是心虚的表现,是自欺欺人。既然决定的事情,就应该一鼓作气。

"当然,事已至此,不责怪了,你也不用恼了,但要有紧迫感,有信心。你要冷静思考:一年多的时间转眼即逝,发展方向是什么?出路何在?有什么规划和安排?这里,我们还是建议你:高一考完SAT,目标2100分;高二集中精力考好A水准,5门课要3~5个A;高一开始着手一篇自荐文章,并注意平时成绩的逐步提高。

"所谓英雄,不是面前没问题,而是敢于面对问题,分析原因,一步一个脚印地解决问题!千万不能逃避问题。希望你正视学习的重要性,重新拾起初中的骄傲,若干年后,深圳中学会再请你在国旗下讲话!"

晚上,我回到家,听说,下午,欢欢打回电话给他妈妈了,并通了很长时间的电话。电话两头的人都哭得很伤心。原来,我们与欢欢的矛盾关键是对待SAT的认识问题。我们认为既然知道要去考试,就一定要认真复习,争取一个好的成绩。可是他并不是这样想的,他认为SAT有很多次考试,这次不行,还有下次。而有的事情是一次就过去了的,"过了这个村就没那个店了"。

我坐下来，听他妈妈跟我"做工作"。

欢欢的妈妈一边说一边抹眼泪："我们有一个多么独立的儿子，我们应该自豪啊。可是我们为什么总是担心呢？在我们给他打电话之前，他就已经在思考了呀，会思考的孩子还要担心他什么？

我在家里一直在反思，觉得对欢欢有愧疚，他想做的事情我们什么时候很大方地让他去做过？他不想做的事情总是逼他去做，还一直说是为了他好。他不是一个死读书的孩子，他兴趣广泛，喜欢摄影，为拍摄各种各样的飞机，春节这天可以在机场待一整天。小提琴拉到了十级，他在享受他的生活，而且生活得有滋有味，我们应该高兴呀，怎么总是担心这，担心那呢？

每个妈妈都会问孩子：'你将来想做什么？'很多孩子都会不屑回答这个问题，都会胡诌一通。可是孩子是会思考的。欢欢对我说：'妈，你要清楚接受一个事实，你有一个极其平庸的儿子。'我是那么好强的一个人，怎么能接受一个平庸的儿子呢？

可现在我对我的欢欢说：'儿子，对我最重要的，不是你有否成就，而是你是否快乐。'

做自己喜欢做的事情，是人生的一大乐事，比如说学习拉小提琴，对很多孩子来说，是一件多么痛苦的事情，可是欢欢可以每天坚持几个小时地拉，在自己高兴或不高兴的时候，一天没有拉，就觉得今天的事情没有做完，这是不是一种乐趣呢！所以，我想，欢欢认为有意义的事情，就去做，只要他觉得快乐，我还有什么不快乐的呢？"

我从没有感觉到欢欢妈妈这么会说话，一串一串的，一套一套的，有逻辑，不啰唆。我静静地听着。

我反省：应该冷静如欢欢妈妈，智慧如欢欢妈妈，民主如欢欢妈妈。我突然觉得，我真的要好好向欢欢妈妈学习。学习欢欢妈妈合理掌握对儿子的"关注"度；学习欢欢妈妈理性默许儿子的"未来"观。

思考后我突然释怀：不管怎样，我们要承认每个人的"独一无二"造就了世界的五彩斑斓；不管怎样，我们要领略不同的途径、不同的细节，成长才如鲜花般烂漫；不管怎样，我们要坚守"快乐"二字，我们不应该因为有压力就放弃自己的快乐，"痛并快乐着"应该成为每个人的人生箴言。我们的一生会面临一大堆棘手的问题，并且解决的过程艰辛又痛苦，我们应该正视困难，迎面解决问题，在抑郁中逐渐成熟，在浪费中累积能量，在付出中收获战果。

我再次给欢欢发了一条信息："马来西亚的野外生存实践活动，是否参加？你自己做主。我们尊重并支持你的决定。"

父母对待孩子，要放手，让孩子在民主的氛围里自我发展，有自己主张的苍鹰才会搏击长空。

它只能培养出人的一些低俗品质，诸如很听话、唯命是从、害怕批评、举动不逾礼俗、不犯过错、从不怀疑别人教给的东西等。

"自由教育"与"低俗教育"

春节放假回了趟老家，姐姐看见我给欢欢乐乐织的毛衣很好看，要求我抽空给姐夫也织一件。接受这个任务后我觉得压力比较大。因为姐夫是一个"讲究"的人，织得不好看怎么办？在回深圳的路上，我一直在想这个问题。因此，开学后，我专门观察小朋友穿的毛衣的一些图案。看了好几天后，我发现一年级有一个小男孩的毛衣图案既简单又好看，我就决定照着样子织。于是，我把那个可爱的小男孩叫到身旁。下面是我和小朋友的一段对话。

我："小朋友，你的毛衣很好看，是谁帮你织的？"

小朋友："我姥姥，她很会织毛衣。"（懂得感恩。）

我（开玩笑地）："你姥姥怎么这么会织，让她帮我织一件，好不好？"

小朋友："我姥姥没有毛线了。"（不拒绝，让你自己觉得这事办不成。）

我："我有毛线，我已经把毛线买好了。"

小朋友："我姥姥回武汉了。"（人已经不在深圳了，看你怎么办。）

我："我也不是那么快就要，暑假要也不迟。"（难道你姥姥这么长时间不回来？我穷追不舍。）

小朋友："这是我姥姥50岁的时候织的，她现在眼睛看不见了。"（看你还有什么办法让姥姥织，她的眼睛已经看不见了。）

你看他，没有一句话是明确拒绝我的，可是他还是彻底地拒绝了我，要知道，他才是一年级的小朋友呀。这孩子是很有智慧的，懂得去拒绝人，而且拒绝得你没有办法再提要求。

我分析：因为这孩子不是我的学生，所以他不怕我，所谓"无欲则刚"。这种情形下的人，思想很自由，放得开。我想到我们的教育，为什么不能让孩子奔跑、玩耍、好奇、弄脏衣服、发现新事物、拆弄破坏、七嘴八舌……所以，父母对待孩子，要放手，让孩子在民主的氛围里自我发展，有自己主张的苍鹰才会搏击长空。

双休日，闲逛中心书城。这真是个度假的好地方，不仅随意浏览各类书籍，还可专心细读专业书目，并且享受"公家"的空调，真惬意。

无意间，一本书的封面跳入眼帘：青藤缀着片片翠叶依风摇曳，在红墙白墙上随意筛落斑驳的影儿。一双大脚丫，一双小脚丫，自在地来回晃动，沐浴着和煦的阳光，流光飞舞，岁月生香。我一把捧到手中。这是一本刘继荣和张一凡这对母子的温情告白，一对中等生母子的对话——《我们要彼此听话》，真有意思。毫不犹豫地装进购书篮中。

书，很薄。晚饭后，我一口气读完了。没有文学色彩的语言，但22篇母子间的真实故事，着实让人感动。当读到"我说，是妈妈使我成长；妈妈说，是我使她坚强。我们都不完美，却很幸福。我告诉妈妈，将来我要告诉我的孩子：'小孩要听大人的话，大人也要听小孩的话，我们要彼此听话。'"等语句时，心花怒放，真如"东风吹来满眼春"，很少有这种感觉了。尤其"钥匙能够打开锁，是因为钥匙最懂锁的心"一句，入木三分。我情不自禁地反思：我教育欢欢乐乐时，是随意拿起一把钥匙呢，还是精心细挑钥匙来合适儿子这把锁的？

我比较性急，一定有随意拿起一把钥匙开儿子这把锁的情形。比如，乐乐读小学一年级时，老师说他"偷"东西，我一听肺都气炸了，不管三七二十一，简单粗暴地以打来警戒。现在回想起来后悔不已。欢欢叛逆，有时顶撞我，我也迅速表现出不耐烦，没有问清孩子行为背后的意思，更不会挑准钥匙开儿子这把锁。

尽管我是一个比较严格要求孩子的人，但在大的问题上，尽量了解儿子，尊重儿子，让他们自由成长。比如，欢欢乐乐喜欢玩游戏，我允许，只是要节制，可以采取自己管理或者提前提醒的方法训练其自制力；3岁时，他们喜欢写写画画，我支持，将他们好一点的"作品"贴在墙上，致使本来不大的住家四周墙壁变成了欢欢乐乐密密麻麻的作品墙；他们刚上学，提出不在一个班的想法，我感觉有思想，我同意；乐乐读小学一年级时好动，我分析是因为他事先都会了，主张孩子跳级；欢欢读小学时，特别喜欢手工制作，家里地板上、柜子里全都摆放着他的作品，他可以为制作一个降落伞连续不吃不喝耗4个小时，因此耽搁学校传统教育交付的学习任务，我干脆在他读小学五年级时许可他休学在家"玩"一年；欢欢到新加坡读书，经常提出参加一些实践活动，外出旅游，我都同意，并汇款从行动上支持；欢欢乐乐都不喜欢上晚自习，我想白天上课本来就受约束，晚上应该是个体的自由，所以他们12年的基础教育期间，从来没有上过一个晚自习，下午一放学就是他们自由的时间；我愿意他们与同学朋友一起在外边玩，只是没按自己预定时间回家，想办法告知我们一声……

我也为自己在家庭教育方面点一个赞。

连续的实践，加上不断地读书，"理论联系实际"，我脑海里突然臆造出这么一个词——"自由教育"。

无独有偶，在网上也看到这样一个故事：

小哈恩非常活泼，而且还很喜爱运动，经常和同龄的小朋友在外面玩耍嬉戏，为此他的父亲哈塞多次训斥他："哈恩，你要多在家看书，不要总在外面风风火火的瞎闹，到了考试的时候，如果你的成绩不好，看我怎么收拾你！"哈恩唯唯诺诺地答应着："好的，爸爸！"可是依然玩耍不止！

有一天，哈塞给儿子哈恩买了一双新鞋，小哈恩非常高兴，为了向小朋友炫耀自己的新鞋，他便穿着新鞋子到外面和小伙伴踢球。哈塞从外面回来后，看见哈恩在外面玩耍，便喊道："哈恩，你怎么就知道玩，还不赶快回家。"正玩得兴高采烈的哈恩只好跑回了家。"你是怎么搞的，怎么把刚买的新鞋弄坏了。"哈塞以训斥的口气对儿子说。"我想让小朋友看看我的新鞋，便出去跟他们玩，我正和小朋友们玩的时候，没看到路边的钉子，不小心被划了一下……"哈恩非常小心地回答。这时候，邻居在一旁笑着打招呼："哈塞先生，怎么回事呀？你瞧，可爱的小哈恩都不高兴了！"哈塞指着儿子的鞋子说："你看看，这个调皮的家伙，刚买的新鞋就被他弄成了这个样子。"

邻居在一旁劝说道："只有一条小小的伤痕，不会影响这双鞋的穿着和美观，小孩子嘛，给他讲清道理就行了，何必过于严厉。再说，他可是什么都不知道的孩子呀！"

哈塞余怒未消："这孩子，太淘气了！不严厉，他就会变得无法无天。"

读罢故事，我油然想起现今的许多家长挂在嘴边最多的责怪话就是"孩子不听话，淘气，学习不好"。家长们却没有考虑到，如此一来，儿童的自由天性就遭到了扼杀。他们被弄得毫无生气，终日生活在不要吵闹、不要顽皮、不要说谎、要守规矩等等的环境中。对孩子而言，生命成为一个漫长的否定过程。它只能培养出人的一些低俗品质，诸如很听话、唯命是从、害怕批评、举动不违礼俗、不犯过错、从不怀疑别人教给的东西等。这样培养出的孩子也许家境优渥，成绩优异，但理想被攫夺，情绪被剥夺，没有自我。他们是大人的"套中人"，处处为大人着想，裹住双脚，被"繁文缛节"和"耳提面命"束缚，成长得极其沉重。

美国著名心理学家赛德尔兹也认为这样的孩子是一个"俗物"的写照。

于是，我又想给它取个名字——"低俗教育"。"低俗教育"是针对"自由教育"来说的，不是俗不可耐的意思。

第二章
用阳光温暖孩子

　　曾记得，2001年10月7日，中国男足战胜阿曼顺利出线，迄今为止唯一一次晋级韩日世界杯决赛圈。当天的记者招待会上，有记者问中国男足主帅米卢："以后的小组比赛，输赢对中国队来说已经无所谓了，是否会让替补上场？"米卢说："我的足球队里没有替补，人人都是主力队员。"

　　同样，为人父母，要有儿童的心态，懂得用孩子的眼睛看世界，感受孩子内心的冷暖。

　　人们常说"一表人才"，我们说小孩是"两表人才"，一是喜欢"表现"，二是喜欢受"表扬"。当然，这里的"表扬"不是一味地夸奖，更主要是鼓励。"表扬"重在结果评价，而"鼓励"重在过程评价。

　　既然孩子喜欢表现，就给孩子充分表现的机会。既然孩子喜欢受表扬，就用全面的眼光发现孩子的优点，适度夸张地表扬；用发展的眼光鼓励孩子。

　　这，就叫——给孩子阳光，让孩子灿烂。

我慢了下来，也静了下来，试着发现乐乐作业背后的故事。

纵观乐乐做题的过程，表面上的收获是解答了问题，实际中的成功尤其表现在孩子的思维力、想象力和学习力等得到了锻炼，同时培养了良好的意志品质和情感态度，实现了宋代儒家朱熹所说的"格物致知"。因此说，"走冤枉路"其实更是一种学习策略和方式。

走点冤枉路也好

乐乐读小学六年级时，有一次，我无意间瞄了一眼他的作业本（见下页图），本来对数字不感兴趣的我，更心烦意乱了。

正准备发作："看看你的作业本，怎么乱成一团麻？这孩子一点不爱整洁！"

且慢，刚读了散文诗《真爱的发生》，美丽诗句萦绕耳旁："当你只注意孩子的行为时，你就没有看见孩子；当你关注孩子行为后面的意图时，你就开始看见孩子了；当你关心孩子的意图背面的需要和感受时，你就真的看见孩子了——透过你的心看见了孩子的心，这是你的生命和孩子生命的相遇，爱就发生并开始在亲子间流动，和谐而暖人！这就是真爱你的孩子！"

于是，我慢了下来，也静了下来，试着发现乐乐作业背后的故事。

这是一个埃及分数的题，题干是"把一个真分数写成相异分数单位的和"。

从作业看出，乐乐一开始一度表现得很烦躁，因为这道题太难了，简直无从下手，所以用一个大叉表现自己的反抗情绪，甚至想逃避。但在某种淫威（老师的权力、父母的势力、同学的压力）下，乐乐不得不拿起笔思量起来，随手在大叉的后面打了一个问号。乐乐很聪明，读懂了题干要求，首先想办法把分子"19"变小，便出现了同分母分数相加"19/20=1/20+18/20"，进而"=1/20+2/20+17/20"，正高兴地准备把各项分数化简成分数单位时，无意间发现分子数加起来等于20，生气地在第一行等式中画了一个叉。于是，在第二行接着写"=1/20+2/20+16/20"进而"=1/20+2/20+10/20+2/20+？/20"，还没写出最后一个分数的分子，发现了里面有两个"2/20"，显然不符合题干中"相异分数单位"的要求。乐乐又气恼地给自己一个大叉的评价。

"前面的不要，重新来，重新来。"乐乐无奈地想。为了算式的规范，顺便将"19/20"写在了第三行。乐乐开始思考了："刚才没有改变分母，显然没办法解决问题。那么，是不是要改变分母呢？比如把分子分母同时扩大2倍？"想着想着，不知不觉地多写了一遍"=19/20"，紧接着在后面写下了"=38/40"，得意忘形中，把分母"40"抄写成了"45"，接下来拆分分子时，就依据分母"45"了，"'38'可以分成'3''5''30'的和"，便出现了"=3/45+5/45+30/35"，进而"=3/45+5/45+15/45+？/45"。最后这个"15"还没写出来，乐乐又发现了两个"15/45"，还是不行。"咦，等等，分母不是'40'吗？怎么是'45'？哦，我怎么照抄都抄错呢，太粗心了。哎呀，算了，再重来。"于是，乐乐在作业的第三行和第四行又用了一个大叉标示前面的过程都不算数。

乐乐感觉思路有了端倪，乘胜前进，生怕思维停滞或受影响。在第五行，没再考虑算式的规范性，直接写上"=38/40"。乐乐思索着："刚才把分子'38'分解成'3''5''30'，由小到大地分，很麻烦。这次，我可不可以从大到小地分呢？"想着想着，乐乐依据分母是"40"，把"38"分成"20""10""8"的和试试？"咦，这三个数都能和分母'40'约分成分数单位。啊哈！"乐乐飞速书写"=20/40+10/40+8/40"。紧接着一鼓作气，直接化简成相异分数单位的和"=1/2+1/4+1/5"。"好，搞定，我太棒了，耶！"乐乐在欣喜若狂中给自己打了一个大大的对钩，把笔往桌子上一扔。起身走向客厅……

我把以上猜想和分析说与乐乐听，乐乐瞪大眼睛望着我，惊呼起来："爸爸太神了，简直是福尔摩斯！"（乐乐最喜欢看一些探案故事的。）

　　我在为自己的耐心和精心振臂高呼的同时，思忖着：纵观乐乐做题的过程，表面上的收获是解答了问题，实际中的成功尤其表现在孩子的思维力、想象力和学习力等得到了锻炼，同时培养了良好的意志品质和情感态度，实现了宋代儒家朱熹所说的"格物致知"。因此说，"走冤枉路"其实更是一种学习策略和方式。

　　此时此刻，我想起了很早以前读到的一个故事，好像是"知心姐姐"卢勤写的一本书上讲的，大意是这样的：

　　专家让两三岁的中国孩子和外国孩子在沙滩玩沙，都邀请了孩子的父母在一旁陪同。专家分给孩子们每人一个小铲子、一个漏斗和一个小口瓶子，让孩子们把沙子装进瓶子里。这对两三岁的孩子来说是件困难的事，因为瓶口很小。有的孩子用小铲子铲起沙子颤颤巍巍地倒进瓶口，可装进瓶子里的沙子寥寥无几；有的孩子直接将瓶口插进沙子里面，好像期待沙子自己进入瓶子里，可等他们竖起瓶子时，瓶子里一粒沙子也没有。

　　专家注意到，一个外国孩子玩着玩着，先用小铲子铲起沙子，再将沙子倒进漏斗，然后让漏斗的沙子漏进瓶子。可是，孩子的动作稚拙，很难准确地将漏斗下端插进瓶子，等他插好时，漏斗里的沙子已经全部漏在瓶子外了。这样重复了几次，一次比一次好，总算有几粒沙子积极地跑进瓶子里，安慰孩子似的。父母用期待的眼神说："good! 瓶子里有沙子耶。"孩子在父母的鼓励声中，没有放弃，突然想到在运送装有沙子的漏斗过程中，用一个指头堵住漏斗下端，等快到瓶子口时，再移开手指。可是，沙子漏得很快，孩子把漏斗下端插进瓶口的动作跟不上，致使装进瓶子的沙子很少很少，一连几次，都是这样。孩子有点想放弃了，插在瓶口的漏斗也没取下来。父母说："已经做得非常好了，再坚持一会，宝贝，马上要成功了！"孩子便用手抓了一把沙子丢进漏斗。咦，全部沙子居然都跑进瓶子里了。孩子似乎发现了奥秘，拿起小铲子，铲起沙子，倒进漏斗，沙子非常听话地钻进瓶子里。仅仅几铲沙，瓶子装满了。孩子高兴地回头望望身后的父母，父母报以亲切的微笑。

专家也注意到，一个中国孩子也尝试了很多玩沙的方法，但都没有成功。其中，也同样想到上面外国孩子那样，把沙子先装进漏斗，再漏进瓶子的方法，可是这样反复几次，还是不成功。陪同的父母看在眼里，急在心头，边说"哎——呦——傻孩子，你把漏斗先插进瓶口，再用铲子铲沙子倒进漏斗就OK啦"，边帮孩子把漏斗插好在瓶口，还生怕漏斗掉下来，帮着孩子扶着漏斗。所以，这孩子是最快一个完成任务的，赢得了父母的掌声。

比较两个孩子的家庭教育，外国孩子虽然完成得慢一些，但享受了过程；尽管不是最快一个，但获得了成长体验。而中国孩子赢得了结果，但输了过程；取得了成功，但失去了成长。

孩子走了弯路，未必不是件好事。某种意义上，成长比成功更重要。

"哇，这个字长得比较特别。你查查字典，并写一写，想办法弄清楚是什么意思。爸爸有点急事外出一下，等会回来后，你告诉爸爸。"

我们帮助儿子学习时采取一种"懒"策略——让儿子自己学习。不仅"懒"了自己，"勤"了儿子，而且孩子的学习效益更好。我们戏称为"外婆式"学习。

"外婆式"学习

我们四年级的老师在一个办公室，一天，一位语文老师带领学生阅读老舍先生的《猫》后，一进门，让办公室的老师每人写一个这篇课文中的生字——"玩耍"的"耍"字。结果，有五位老师都把"耍"字上面部分的"而"写成少一横的"西"，只有我和另外一位老师写成"耍"。

这位老师奇怪地问我们为什么能写正确。我也反问她为什么要让老师们写这个字。她说平时总把"耍"写成少一横的"耍"字，这次教学中，让一名学生指出了错误。我也坦然地说："其实，我也是从我儿子欢欢那儿学到的。"看到老师们满腹狐疑，我向同事们如实地介绍了那天的情景：

读二年级的欢欢有天看书，突然举起书问我，说有一个字不会认，就是这个"耍"字。我没有马上告知，而是激发儿子探究学习的欲望："哇，这个字长得比较特别。你查查字典，并写一写，想办法弄清楚是什么意思。爸爸有点急事外出一下，等会回来后，你告诉爸爸。""好。"欢欢话音未落，就去翻工具书了。

我到外边溜达了一会，一进门，欢欢喜滋滋地跑出来："爸爸，我知道这个字应该读'shuǎ'。我还知道这样记'耍'字，一对'而'（'儿'的谐音）'女'在一起玩耍。"我一听，一震，一查，暗暗吃惊，幸亏是让儿子自主探究，不然，用上了小时候我的老师教我识记的要诀——"耍"字就是把"要"字中间的一横去掉。

我刚一表白完，办公室的老师都说他们以前就是这样错误识记这个字的。而这些老师分别来自湖南、辽宁、陕西、湖北和四川等地。这难道是巧合吗？

第二天，我便发动全班学生，就"耍"字的写法，对自己的父母或邻居进行不记名调查。收回194个，其中写正确的只有40.4%，写成"要"字少一横的却占57.5%，写成其他的占2.1%。

这样一件"小事"，这么高的错误率，不得不引起我们深思。至少有两点启示：一是语文课程标准指出的"积极倡导自主、探究、合作的学习方式"何等重要！二是我们说要培养孩子的创新精神，鼓励孩子不唯书，不唯师，我们做家长的何妨不首先要有批判精神呢？不要以为父母的知识积淀一定比孩子的"厚"，父母的学习方法一定比孩子的"好"；也不要以为前人的经验一定值得我们学习应用。

上述中我让欢欢自己识字，其实是我一贯的做法：我先让儿子自己查阅工具书，发现生字的特点，用形象的方法记忆字形，并联系上下文理解生字，然后，儿子再与我们分享交流。这也是我们帮助儿子学习时采取的一种"懒"策略——让儿子自己学习。不仅"懒"了自己，"勤"了儿子，而且孩子的学习效益更好。我们戏称为"外婆式"学习。

所谓"外婆式"学习，是针对留守儿童来说的。留守儿童的父母都在外边打工，留守儿童只有交给爷爷奶奶、外公外婆照看。祖辈们大多文化水平不高，甚至没上过学。一天，外孙正趴在桌上做数学题，遇到困难，问身旁边织毛衣边陪伴的外婆。外婆微笑着说："宝贝，外婆没读过书，外婆不会。"外孙心领神会，独自尝试解题方法。过了一会，外孙又情不自禁请教外婆，外婆还是慈祥地摇头，无形中给外孙增添自我探索的力量……

诚然，"外婆式"学习的可取之处，主要是让孩子自主学习，自我发现。

乐乐说："哥，你先吃。我看会儿电视。"欢欢说："你先吃，我等会吃是一样的，不急。"

我内疚地对欢欢解释："弟弟这段时间要抓紧复习，所以先让他吃……"欢欢忙接了话茬："没什么呀，我等会还吃大的呢。"

"口惠而实不至"

2008年初冬的一个晚上，我和妻子为乐乐买烤红薯。可跑遍了小区，都没买到。因为乐乐正在积极准备北京大学保送考试，我们想法为他加点夜宵。

打听到北大深圳医院门口有卖，我们便走出小区。凉风习习，我不禁打了一个寒战，对妻子说："这么冷，肯定买不到了，烤红薯的人要钱不要命了！"说归说，我们还是坚持走到目的地，果然不见烤红薯的踪影。北大医院门卫说："现在都快11点了，人家早就收摊了。天太冷了！"

"明天我买红薯回来，我们用微波炉自己烤。"妻子总会动脑筋，方法也多。"是啊，我们家的微波炉买了这么多年了，还没用过烧烤功能呢！"我应和着。

第二天晚上，经过两次试验，我掌握了用微波炉烤红薯的方法。得意中，便隔三岔五地为乐乐烤红薯吃，他吃得甜在嘴里，我却甜在心上。

十几天后的11月19日，欢欢从新加坡放假回国，一家人团聚，其乐融融。一天晚上，我又大显身手，烤起红薯来。红薯烤熟了，整个屋子弥漫着香味。我把两个红薯分别盛在两个盘子上，端上桌，召唤两个儿子来品尝。我对欢欢说："那个大的给弟弟吃吧。"欢欢满口答应："没问题！"只见乐乐刚刚揭了一点红薯皮，说："老爸，还没熟呢！"我一看，可不是。我立刻检查欢欢正准备吃的那个小的。哈哈，这个熟得正好。我毫不犹豫地说："欢欢，把你这个先给弟弟吃！"欢欢又一次满口答应："没问题！"我动作奇快地把红薯从欢欢跟前移至乐乐面前。转身将那个未熟透的红薯放进微波炉继续烤起来。乐乐说："哥，你先吃。我看会儿电视。"欢欢说："你先吃，我等会吃是一样的，不急。"

乐乐又回到桌旁，便津津有味地吃着红薯，欢欢却在一旁埋头看书，我的心不由颤抖一下：虽说乐乐迎接北京大学保送考试重要，可欢欢也是刚回国呀！本来欢欢身在异国他乡就缺少我们对他施爱。我内疚地对欢欢解释："弟弟这段时间要抓紧复习，所以先让他吃……"欢欢忙接了话茬："没什么呀，我等会还吃大的呢。"

明知道内疚了，可我就是没改，还是犯同样的错误。妻子也一样，买菜做饭都考虑的是乐乐的喜好。

12月26日，欢欢又要返新加坡上学了。我和妻子送他到机场，一路上说得最多的一句话就是："欢欢，这次放假回家，爸爸妈妈太歉疚！没有给你做一顿好吃的，很少关心你。我们脑中装的全是弟弟参加高校自主招生考试的事，心里很少考虑你的生活。"欢欢宽慰我们说：

"我感觉很好呀，再说，几个月后，我不是还要回的嘛！"

到了国际候机楼，欢欢一手拉着行李箱，一手提着小提琴，仍然是那样爽朗地与我们道别。望着欢欢走向候机厅的背影，想起近两个月来我们一门心思帮助乐乐申请参加高校自主招生选拔的情形，我在心里思忖："欢欢，以后你在异国他乡也要走这条申请大学之路，那时，申请工作更繁琐，老爸是可望而不可即，只有靠你自己孤军奋战了。你一定要高瞻远瞩，选准学校，申请方法要科学统筹，还不能影响学业……"我暗暗祝福："我的欢欢一定会心想事成的！"

我们不能做到有形的"陪",但不能不重视无形的"伴"。

不"陪"也"伴"

欢欢乐乐读中学后,我总觉得与两个孩子 "越来越远"了。我们再也不能像以前那样时时陪在身边了,不能陪他们玩,不能陪他们学习,不能陪他们走亲访友……不是不能,而是没必要,孩子慢慢长大了,他们也不愿意我们总在身边。

我们不能做到有形的"陪",但不能不重视无形的"伴"。

尤其获悉一名重点中学的高三学生在学校跳楼的事,令人痛惜,惊悚万分。

那天晚上,我彻夜未眠。

我们每一位做父母的,是否能清晰地回忆起从孕育开始到现在十多年来我们和孩子一起经历的一切一切呢?

我们是否还记得孩子出生时的第一声啼哭?孩子第一次吸奶时母亲是什么感觉?孩子第一次会翻身是什么样的一个过程?孩子第一次自己走路是多大?孩子第一次喊爸爸妈妈,我们是什么样的心情?孩子第一次吹灭生日蜡烛时我们有何种感受?孩子第一次能跟我们对话交流说的是什么?我们跟孩子嬉戏玩耍时是不是很投入?孩子上幼儿园第一天的表现?孩子第一次穿上校服屁颠屁颠地跑向学校,在开学升旗仪式上是什么神情？第一次到学校观摩孩子上课，孩子是什么表现？孩子第一次得奖，我们说了什么？接到孩子的第一份节日贺卡，我们的眼睛湿润了吗？孩子第一次短期离家，我们是什么心情？第一次引导孩子阅读，孩子是不是很情愿？看完后我们跟孩子交流得好吗？我们和孩子是不是又多一些共同语言？孩子第一次受批评是因为什么？孩子第一次被训斥或挨揍是什么样的反应，我们又是什么样的心情？孩子第一次做家务，我们是怎样对孩子说的？孩子第一次自己独自上街，我们担心了吗？孩子有事烦恼，是第一时间告诉我们了吗？孩子第一次为升学拼搏的时候，我们都做了些什么……

答案，一定是肯定的。因为孩子一路走来，我们一直陪在身旁。现在，孩子一路向前，我们得默默守望，用"心"伴行。

脑海里总在想象上面的惨事，痛定思痛。我一直在想：如果那个时候，有一双手拉住或者抱住那个孩子，他就不会有这样的结果……这双手当然是一双无形的大手，是孩子心灵的"伴"。而作为家长的我们，又做得怎样呢？

孩子小的时候，我们主要关心他们是否健康。那个时候的孩子表达还不是那么清晰准确，要靠我们用心去体验孩子的感受。孩子上学了，我们关心他的学习成绩，关心他在学校的表现。这个时候，我们可能关心学习成绩更多些吧。孩子再大些，我们会不会变得更多地讲大道理而更少地用心去体验他的感受呢？他开心吗？如果我们忙于生计，我们可能就会忽略关注他的一些细节表现；如果是一贯表现得懂事听话的孩子，我们是不是会很放心而很少关注他的内心感受呢？

孩子首先是我们爱情的结晶，自然也就是我们生命和血脉的延续；他也是国家的未来，承继民族的希望。现在的独生子女，从一出生就承载了来自家庭、家族以及国家的期望和压力。他们是否能够成人、成才，作为给予孩子生命的我们，是不是担负好了这份不容推卸的责任？

现在孩子的成长环境和我们成长时的已经有天壤之别。我们如果不与时俱进，不跟他们经常沟通交流，我们就会很快落伍，他们就不会愿意跟我们说心里话。一旦有纠结，我们也帮不上他们。这样，我们与孩子的距离就会越来越远。这是个恶性循环！是我们做家长的都不愿看到的！

所以，我深信：我们是孩子的父母，我们的内心是深爱孩子的。只要我们是真心关心孩子的、尊重孩子的、为孩子的未来着想的，孩子是会体会到的。

让我们都做个好家长：向我们的孩子伸出我们的双手，从身体到心灵，从有形到无形，扶持我们的孩子走上身心健康、积极向上的快乐人生路！

最好的办法是，让他自己消化和承受，毕竟是他自己成长，成人，成才，我们更多的是静静地陪，默默地等。

静静地陪　默默地等

与朋友聊天，谈及何为世界上最难的职业，我戏说"为人父母"。朋友大笑，我进而辩析："做父母其实就是最神圣且最难的职业。任何行业，都有岗前培训，哪怕扫马路，都有一个上岗证。而从没有听说过，为人父母，要先培训后上岗的。没人教我们怎样做父母。"朋友听后会心地点头。

尽管是戏言，却是真实写照。

乐乐进入高三后，我们基本上很少说学习、考试之类的事，只是在身后静静地陪伴，好像一直生活在默默的等待中：2008年9月16日，全国化学省级赛区竞赛，等待结果；2008年10月16日，入选全国化学冬令营复赛，等待结果；2009年元月，参加北京大学自主招生考试，还是等待……

2008年11月开始进入全国68所知名高校自主招生考试推荐和自荐报名阶段。因为有保送资格，乐乐有幸被深圳中学推荐报考北京大学自主招生考试。他只选择北京大学，虽然众亲朋（更有高中老师）建议做两手准备，多报几所学校，但是儿子执意一个目标。理由有三：一则北京大学是朝思暮想之地；二则若万一发挥超常，几所学校都考取又不去，会失信于其他学校；三则即使这次自主考试上不了北京大学，还可走高考这条最后途径。

儿子的想法很单纯，但毕竟话中有理。为了不动摇他进军北京大学的军心，我们表示坚决支持他——上北京大学。于是，儿子整理好北京大学自主招生考试资料后，便一心一意去准备敲开北京大学神圣的大门。

而我们夫妻，总感觉要做一件什么事似的，整天暗暗地坐卧不安。心想：万一儿子没考上北京大学，而他班上的同学都通过自主招生考试"名花有主"了，儿子能承受后一阶段高考的孤军奋战吗？于是，我们背着儿子，为他又报了浙江大学、中国科学技术大学和南京大学三所大学。没想到，半个月后，结果陆续揭晓，三所大学都审核通过了儿子的自荐资格：浙江大学同意儿子参加自主招生考试；中国科学技术大学还免笔试，只要求参加面试；南京大学更直接，干脆寄来了录取儿子的接收函。

让人意想不到的是，乐乐参加完2009年1月1日在广州的北京大学自主招生考试后，一出考场就说"数学发挥失常"。我们说："没事，很正常，可能你太想读北京大学而过度紧张的缘故。这里再次证明高考的'一考定终身'的确要改革。这个世界是公平的，你已经很幸运了，你比别人多了几次考试机会。"儿子习惯性羞涩地摸摸自己的头，好像对不住我们似的："只有参加高考，挤过独木桥了。"我们夫妻相视一下，对儿子说："其实，我们背着你还申请了三所大学……"

第三天，也就是1月3日，儿子接受了我们善意的谎言，答应参加了在深圳的浙江大学自主招生考试。考完后，他淡淡地对我们说："这次考得超好，尤其数学。"看来，他还是没从北京大学自主招生考试阴影里走出来。我们听了，脸上马上泛出笑容："充分说明你有数学实力。"乐乐还是轻轻地摇摇头，他一定认为我们那笑容是挤出来的，因为我们心里都在等待北京大学的录取结果呢。

接下来的等待，好漫长！我们尽量把事情往坏处想，偶尔轻描淡写地来一句安慰儿子的话："北京大学自主考试虽未通过，但实力犹存，南京大学直接录取就是有力佐证，高考还在，机会还有。""北京大学不是唯一的成才之路、幸福之路，你参加浙江大学考试不是感觉良好吗？条条大路通罗马。""任何事情都是两面的，北京大学自主考试没有通过是一种失误，但也是一种磨砺，会使一个人的内心更加丰富，心智更加成熟，思想更加深邃。"当然，最好的办法是，让他自己消化和承受，毕竟是他自己成长，成人，成才，我们更多的是静静地陪，默默地等。

回首陪伴儿子走过的路，我们有惊喜，有自豪，也有遗憾。如今，儿子入读北京大学，任重道远，儿子的成长、成熟、成才路还长着呢，我们还要继续做好儿子的坚强守望者，就像我们为儿子提出的"重新出发，再接再厉"的口号一样，把以前的成绩视为自己成长的一个个阶梯，要以归零的心态，"刷新"自己，还要与时俱进！我们身为父母，也要做到：持续有为才能持续有味！

乐乐接受基础教育阶段，因为升学的压力，需要我们静静地陪；他第一次离开我们，远上北京读了大学，过上集体而又独立的生活，也要我们默默地等。

他的舅舅到北京大学看望乐乐，得知乐乐感冒了，是冻感冒的。他舅舅告诉我们，说北京那个冷是刺骨的冷，我们南方很难体会到。

于是，我给乐乐寄了一些御寒的衣服。

衣服应该上午到北京的，到了中午他还没有收到，他就发信息询问我，衣服怎么还没有到？我打了几通电话，终于问明了衣服该到的时间，告诉他当天一定会到的。

聊着聊着，他突然发一条信息："昨天高数考得不是很好哎……"

他刚刚期中考完高等数学，而我们聊天的内容是关于寄衣服的事情，怎么突然说到考试的事情了呢？我当时就安慰他说："分数出来再说，考完就不要想了。"

他说："好吧。"

没想到聊天界面又出来一段文字："不是很难的题，但是很复杂，没有状态解太复杂的题，解到一半就感觉有错，不想做下去……太繁杂的式子，不想算……"

我问："没有时间吗？"

他说："有时间，但不想算。"

后来，我们又随便聊了几句，他就下线了。

我也下了线，闷闷不乐。我想：儿子怎么啦？他一直很看重数学学科，他觉得数学一定是要学好的，他也有信心考好（高考数学考了143分）。现在没有考好，所以时时刻刻就记得这件事，在不经意中就讲了出来，总觉得没有考好，对不住人似的，负担重。

这种状态是谁造成的？是我？他爸爸？还是老师？抑或他自己？

我想是长期形成的。他一直在深圳中学超常班读书，压力之大，可想而知。既然进了这个班，就不能让自己掉队，不努力学习怎么行？学习成绩不好的话，是会被淘汰出超常班的。所以他一直就在努力地学呀学呀，终于到了北京大学，北京大学更是藏龙卧虎的地方，用他的话说，"一个宿舍四个人，有三个是竞赛进了国家队的，剩下的一个也是省里的高考状元"。所以竞争更加激烈。每个人都想把自己的学习搞好。这是他的第一次的考试，他很重视，没有考好，心里有点难受。

回想起他6年的中学生活，我们关心得最多的是他的学习成绩，每次家长会，老师说得最多的也是成绩，平时朋友聊天的话题也是孩子的成绩，有谁问过孩子："孩子，你快乐吗？"我细细地想了一下，我是没有问过的。只是有一次，他期中考完后，我们说一起去看电影，乐乐怎么样都不肯去，把自己关在房间大哭，我才意识到孩子不快乐！可过后也没有过多地注意这样的问题，还是一如既往地关心学习成绩。

我们想得最多的是考不上好大学，就业就有困难；考上了好的大学，专业不好的话，工作又难找；没有好成绩的话，就不能保送出国。什么时候考虑过孩子的感受？

前段时间欢欢说他要去考音乐学院，我们还有点想不通，觉得应该去考的是英国、美国的一些著名的大学。现在我的想法是：他想考什么大学，我都不会阻拦他，只会给他当参谋，让他去寻找自己的快乐！！

有时我想，如果两个儿子没有我们的干预，自由地发展，会是什么样的情况？

但是哪个家长敢做出只要孩子快乐就任其发展的决定呢？

现在的社会是一个充满竞争的社会，如果不学一些真本领的话，将来就可能被淘汰，那时会有快乐吗？

说到这里，我自己也迷惑了，到底是要快乐，还是要学习？

或许有一个好的办法，就是把学习也当成一种快乐，享受学习！可谁都知道，学习是辛苦的。但愿儿子能达到这样的境界——苦中有乐！

想到这里，我准备给儿子打电话，抚慰他。转念一想：算了，儿子还得成长，他应该学会思考，就让他默默承受吧。

"妈妈，我今天学习了数字'0'，我知道'0'是表示没有。你看，电扇上有4个数字，有'1、2、3'三个按钮，表示三档风级，还有一个按钮是'0'，按下这个按钮，就没风了。"

大脑面对记忆7个以上的独立信息会死机。那么我们当然可以做"拆、剪"的动作来"骗"大脑。我还联想到美国的手机号码一共7个数字，是不是运用了这一研究？

快乐学习

我常常在想，学习是一件众人公认的有意义的事，为什么孩子不喜欢？而玩游戏浪费时间、伤害身体，为什么孩子会上瘾？原来啊，人有一个共性：如果某事让他痛苦，他肯定会逃避；如果某事令他乏味，他肯定会应付；如果某事让他快乐，有"赢"的感觉，他一定会喜欢。

那又为什么学习不能像玩游戏一样快乐呢？

读美国积极心理学的倡导者泰勒·本－沙哈尔的《幸福的方法》一书，我明白了什么叫快乐学习。

他提出了两种学习动机模式——"溺水模式"和"性爱模式"。"溺水模式"是指人们的学习长期处在痛苦的挣扎中，努力的过程如同沉入水中憋着、难受着，等到浮出水面重新呼吸的那一刻才有畅快感，这种目标达成后的快乐往往是短暂的。而"性爱模式"是说人们在学习的每一阶段，如同性爱一样，努力的过程就像前戏般循序渐进的美妙享受，都是愉悦的，强调把一切学习的过程，无论是阅读、研究、思考还是写作，都看作是"性爱"的前奏，即从一开始到每一件事里都能得到快乐，努力的结果就是痛快的高潮，一直过得幸福。

我好像如梦初醒，这个比喻可能不太符合中国文化，但形象生动，让我记忆深刻。不是吗？西方人按"性爱模式"生活的多，而中国人大多习惯于"溺水模式"的生存。有人做过这样的对比：一位外国老太太，在年轻的时候贷款买了一所不错的房子，直到临死的时候才把贷款还清。一位中国老太太，住了一辈子棚户，省吃俭用，直到临死才攒够了买房子的钱。前者享受了一辈子，后者苦苦挣扎了一辈子，却没来得及享受。

在中国，"溺水模式"的学习一直是被人推崇的。千百年来，"头悬梁，锥刺股"一直是青少年学习的典范；"书山有路勤为径，学海无涯苦作舟"从来都是人们推崇的标语；即使如今，也盛传"只要学不死，就往死里学"口号。

我和很多人一样，学龄前，憧憬着背起书包上学去，可是后来都被"溺水模式"熏陶着、习惯着。从现在开始，我得让我的孩子——欢欢乐乐在"性爱模式"学习中快乐起来！

我从目标、兴趣、方法、习惯4个关键词入手。

首先是目标。我让欢欢乐乐明白学习的目的不是为了应付考试，而是为了拥有知识，为了训练思维，为了提高能力，为了自我的发展。明确学习目标，学习才会充满动力。就拿终日绕着磨盘转的驴子和走万里路取经的马对比，驴子和马走的路程大抵相等，因为两者每天都没有停止过频率相同的脚步。但是马因为有明确的目标，每天按照如一的方向前进，所以走出了广阔的世界；而驴子终日围着磨盘打转，永远也走不出那个狭隘的天地。

我和欢欢乐乐玩了这样的一个游戏。他们先围绕"哪些事是有意义的""做哪些事最快乐""自己哪些方面比较有优势"三类话题，每类各选出10件，然后三者统筹考虑，看看哪几件事三类里都包含，都包含的那几件事也许就是孩子以后发展方向，也许就是欢欢乐乐的人生价值取向。

大致目标明确后，如何实现？我便将它再化解为具体的学习目标。学习目标一定是一级一级、一个一个的具体小目标。小目标不能太高，以便小家伙尽量多地体会学习成功的喜悦；也不要太低，以免他们对学习索然无味；学习目标还根据他们的学习力不断提升。

其次是兴趣。爱因斯坦说过"兴趣是最好的老师"。兴趣从何而来？兴趣从生活中来。一天，乐乐放学回家放下书包就对妈妈喊："妈妈，我今天学习了数字'0'，我知道'0'是表示没有。你看，电扇上有4个数字，有'1、2、3'三个按钮，表示三档风级，还有一个按钮是'0'，按下这个按钮，就没风了。"我为乐乐惊奇的发现叫绝！连忙夸奖乐乐善于联想和发现。本来是枯燥的数字，乐乐感觉有意义，所以，他逐渐喜欢数学学习。还有一天，欢欢乐乐学了分数，晚上，我们一家人吃橘子，我说："欢欢吃饭吃得少，多吃点橘子，吃橘子的三分之一；乐乐吃饭吃得多，少吃点橘子，吃橘子的二分之一。"两个孩子马上说："橘子的二分之一要比三分之一多呢。"我趁机感叹："哦，有知识真好！"

第三是方法。学习是要讲方法的，只有科学学习，效率就高，心情就爽，千万不能死学习。美国教育心理学家玛莉嫫·威利斯和维多莉娅·霍德森倡导的"学习风格理论"认为：每个人不同程度地表现不一样的学习风格，如，听觉类型学习者、视觉类型学习者、文字类型学习者、触动觉类型学习者。我经常将此理论用于实践中。

孩子两岁时，我让他们记住家里的电话号码（孩子记住家里的地址和电话是非常必要的）。乐乐很快就记住了，可是欢欢总是记不住。我突然想起，欢欢是触动觉类型学习者。于是，我先将电话号码的8位数拆分成两组，因为我知道，心理学研究表明：大脑面对记忆7个以上的独立信息会死机。那么我们当然可以做"拆、剪"的动作来"骗"大脑。接着，我和欢欢一起玩拍皮球的游戏。我拍一下皮球就大声念出电话号码的第一个数字，拍第二下就念出第二个数字，依次拍第几下就念出第几个数字。并把电话号码的8个数字4个4个地分成两组。前面拍4下同时念出电话号码前面4个数字；然后怀抱一下球，再拍4下的同时念出电话的后4个数字。欢欢感觉很好玩，也学着拍球念数字。不到半小时，欢欢就熟记了我家电话号码。

第四是习惯。印度哲学大师奥修说："当鞋合脚时，脚就被忘记了。"脚被忘记，是因为脚处于"忘我"状态，工作得非常好。同样的道理，当学习成为一种习惯，孩子就忘记了自己在学习，甚至忘记了自己。这就是培养科学的学习习惯。比如追根溯源的探究习惯，发散联想的思维习惯，互助互学的合作习惯，及时整理学习用品的严谨习惯，等等。我很庆幸的是，欢欢乐乐读小学时，养成了一些快乐做作业的习惯：

1. 放学回来先吃水果。边吃水果边休息15-20钟。大脑有了能量，然后就可以做作业了。

2. 在晚饭前做作业。人在饱餐后，就懒洋洋了。因为此时血液都流到胃部消化食物。流向大脑的血液少了。

3. 在做喜欢做的事前做作业。假设动画片是在6点播，就要在6点前完成作业。每天遵守，雷打不动。这样做作业能和快乐连接起来。

4. 根据年龄和个性特点，允许做一会作业，玩一会。但做作业要在书房进行，如果玩，到大厅去。

良好科学的习惯养成了，不敢说一定快乐，但至少如同奥修所说："忘我了，就不感觉累和苦。"

第三章
用雨露滋润孩子

　　华南师范大学教科院博士、教授刘良华，回忆他高考后想画画，向他父亲要20元钱买画画的书。他父亲认为画画是没用的事情，没答应给钱。刘良华正和父亲一起剥黄豆，生气地踢翻了刚剥好的黄豆。他的父亲满脸怒气，一句话也没说，过了一会儿，转过身，弯下腰，一颗一颗地把黄豆重新捡回来，放到盆里。他拣了很久很久，刘良华终于忍不住了，猛喊了一声："我不要钱了！"刘良华此时深刻地认识到：家里经济条件不好，我马上读大学还需要学费，我不能再给父母添负担。后来成为教授的刘良华说，他的父亲当时就是用捡黄豆的方式教育了他。

　　教育应该如盐入水，润物无声，我把它称为"无痕教育"——"有心"而"无痕"。全国著名特级教师于永正说："如果孩子知道你在教育他，你的教育就失败了。"生活处处有教育，教育手段妙不可言，犹如苏霍姆林斯基所说的"把自己的教育意图隐蔽起来"的"无为"而教。

"我那时总是看到同学捡到东西交给老师，得到老师表扬，我怎么就捡不到东西？便想到'偷'磁铁，也想换得老师的表扬。"

我突然明白，这种教育，尽管无声，但有息，其结果是刻骨铭心的，我把这种"润物细无声"的教育叫作"无痕教育"。

一元硬币引发的思考

送走一届毕业生，接手一个新的四年级（5）班不久。花在班里学生何×身上的时间几乎占据我班级管理工作量的一半。这孩子好动，言行不一致，喜欢占点小便宜，有时悄悄拿同学的钱物。这不，班上学生上完体育课回到教室，又有一个学生说笔盒里的一元硬币不翼而飞了。

晚饭时，我边吃边与休学在家的欢欢和读六年级的乐乐聊起班里的事和何×来。

欢欢说："当老师还蛮能锻炼人的，有时还要破案，呵呵。"

乐乐说："这个小孩其实是想引人注意，想得到老师表扬。"

见我一脸茫然，乐乐接着回忆着说他读小学一年级的事来："有一次，我偷了教室讲台的磁铁，第二天，把它高兴地交给老师。没想到老师没有表扬我，反而告诉妈妈说我偷东西。妈妈一听，肺都气炸了，对我一阵'家暴'，还说：'小时偷针，长大偷金。'我记得妈妈打得我很痛，妈妈自己也心痛地哭了。其实，我那时总是看到同学捡到东西交给老师，得到老师表扬，我怎么就捡不到东西？便想到'偷'磁铁，也想换得老师的表扬。"

我和欢欢乐乐的爸爸听了，心里真不是滋味，餐桌上的空气好像凝固了。乐乐说："没事没事，我是说着玩的。"还是欢欢打破僵局，哈哈大笑着放下饭碗，从他房间里取出一本书来，呈现给我这么一个深刻动人的故事：

小彼得是一个商人的儿子，一次，他给妈妈开了一个收款清单。

妈妈欠小彼得：

为取回生活用品	20芬尼
为把信件送往邮局	10芬尼
为在花园里帮大人干活	20芬尼
为他一直是个听话的孩子	10芬尼
共计	60芬尼

小彼得的妈妈仔细看了这份清单，什么话也没说。

晚上，小彼得在餐桌上见到了他索取的60芬尼报酬。同时也发现了妈妈写的一份清单。

小彼得欠妈妈如下款项：

为在她家过了10年的幸福生活	0芬尼
为他10年的吃喝	0芬尼
为他在生病时的护理	0芬尼
为他一直有个慈爱的母亲	0芬尼
共计	0芬尼

小彼得看了妈妈的清单，感到万分羞愧，悄悄地把60芬尼装进妈

妈的口袋里……

我被这位母亲独特而卓有成效的教育折服。我认为她才是真正懂教育的，其方法妙不可言。这种无言的教育方式远比大声训斥、当面指责高明得多。

真巧，乐乐好像也不甘示弱，说："我也想到一个类似的故事。"他说：

故事的题目叫《寻人启事》。有一位妈妈对自己的儿子有点失望，便巧妙地写了一篇《寻人启事》贴在儿子房门上，内容如下：我有一个好孩子，可是后来丢失了。现在特登报寻找。他今年11岁，很聪明，但不骄傲。热爱学习，做作业非常认真，考试成绩好。吃饭不挑食，身体健康，很少生病。他不玩游戏，也很少看电视。他性格开朗，活泼大方，彬彬有礼，从不乱花钱。谁能告诉我，我这么好的孩子在哪里呢？

第二天早上，儿子门上的《寻人启事》已经没有了。可妈妈房门上也贴了一张《寻人启事》。是她儿子写的：我有一个好妈妈，可是后来不见了。现在特登报寻找。我的妈妈很普通，但她很爱我。把我从小养到大，我很感激她。我的妈妈理解我，从来不是下命令，而是喜欢跟我商量。我的学习成绩不是很好，但她依然很爱我，总是鼓励我，她说，早开的花不一定会早结果。她还说，相比成绩而言，我的健康和快乐更重要。我爱玩游戏，妈妈没有粗暴地反对，而是到了规定时间，提前10分钟、5分钟地提醒我。妈妈从不在别人面前说我不好，所以，我很爱我妈妈。可是，我的好妈妈现在不见了，谁能帮我找到她？

乐乐讲完故事，欢欢说："乐乐赢了，我推荐的故事，只反映妈妈的教育滴水不漏；你讲的故事，表现了妈妈和儿子都有智慧。呵呵。"

我和孩子的爸爸很感动，没想到，两个儿子读的书比我们多，并能学以致用。

从那天起，乐乐的往事和欢欢乐乐推荐的故事时刻萦绕我脑海。我从何×家长口中了解到，何×根本不缺钱用，并且也没有乱花钱的理由。何×也许有什么心理需求，得想个妙招……

一天，我到附近的发展银行为儿子交纳新学期的学费。由于是专程前往，所以刚好只准备交足学费的人民币。没想到，银行营业员说我交的学费中有一元的硬币是假的。我愣了一下：一元钱还有假的。怎么办，再回学校取钱，好像太浪费时间了。营业员看我为难，说："这样吧，我把手续先给你办了，这一元钱，你方便的时候再送来。"我连忙表示感谢。

在回学校的路上，一个念头突然在我大脑里一闪：我何不将这一元钱交给那个何×学生，让他来还呢？这可是一个很好的教育资源呀！反正路途不远，又安全。这样，老师的诚信就会影响学生，岂不是身教重于言教？我一拍自己的脑袋，此想法绝妙！"且慢！这件事过几天办，更能说明我在乎这件事，教育效果可能更好。"我思忖着。可是，过了几天就是国庆节7天休息，并且我10月7日开始去重庆学习5天，如果等我回来，时间就太长了。我给全班同学写了一封信，告诉他们我去学习了。在信的结尾，特地公开请何×同学帮老师一个忙，代老师去银行还那一元硬币，并请他代向营业员表示感谢。当然，没忘记在信中附上一枚一元硬币。

　　我完成学习，回到班级，何×同学第一个跑到我跟前，高兴地对我说："老师，我把一元钱交给了银行阿姨。这是阿姨的签字证明。"他边说边递给我一张纸条。我接过纸条，问是谁要写证明的。何×同学说："是我要写证明的，我怕你不相信！"我连忙摸着他的头说："傻孩子，我不相信你，怎么会叫你帮老师呢？"

　　果然，何×同学后来在日记中写道："其实，我对这件事还是有点想法的。第一个想法是老师是一个讲信用的人，一元钱不值什么，可老师那么重视。老师真的值得我学习。第二个想法，做这件事很简单，老师可以委托全班任何一个同学去做，为什么偏偏选我。这是对我的信任，老师肯定知道班里经常丢东西跟我有关系，而没有直接批评我，那是给我面子。其实，我拿别人的钱就是想收买几个同学跟我好。老师这次是给我一个暗示。感谢老师！我再也不会做这些丢人的事了。我把这些话写出来，不怕老师看到。老师看到也好，还可以督促我。不过，老师要替我保密哟。"后来，何×同学就像完全变了一个人，不仅没有欺负同学，说话办事认真负责多了，更没有发生一例私拿别人东西的事情。一直到现在，何×同学读大学了，还一直与我保持密切联系。

　　我突然明白，这种教育，尽管无声，但有息，其结果是刻骨铭心的，我把这种"润物细无声"的教育叫作"无痕教育"。

　　"无痕教育"就像知时节的春雨，悄无声息地下了起来，一点点地渗进泥土里，滋润着孩子的心田。要是电闪雷鸣，大雨滂沱，最多"雨过地皮湿"，对孩子的成长没有什么好处。

　　我正是基于这种"无痕教育"理念，才在学生有过错时，想尽办法，别出心裁，身先士卒，暗示有过错的学生，给他们以良性刺激。以上事实证明，"无痕教育"在呵护和引导中显示出了强大的威力。它既不伤害学生的自尊，不丢学生的面子，更不会引来学生的抵触情绪。苏霍姆林斯基曾说："造成教育青少年的困难的最重要的原因，在于教育实践在他们面前以赤裸裸的形式进行，而处于这个年龄期的人，就其本性来说是不愿意感到有人在教育他们的。""无痕教育"不正是体现了这一教育思想吗？在"无痕教育"中，学生理解了什么是尊重，什么是平等，体验到了独立人格的尊贵和老师的拳拳之心。学生在心与心的愉悦中醒悟了，思想升华了，灵魂净化了。

教育无痕，润物无声。

感谢儿子，让我感悟并应用到了"无痕教育"！

我油然迸出一句"读书的孩子——'坏'不了"。言下之意——喜欢阅读的孩子受到书的熏陶，至少是"合格品"，不可能是"废品"，极其可能是"优质品"。

用语言抚摸孩子

一说素质教育，许多人马上就想到琴棋书画等特长教育，怎么就没想到阅读呢？阅读不仅仅有利于培养良好的语言文字能力，还在于丰富孩子的心灵世界，提高认识水平，培养优雅情操……这可是最简单、最普惠、最经济、最有效的素质教育方式方法和途径，何乐而不为呢？

应邀到南山区与学生家长座谈，一起面对面探讨家教问题。其间，我主张"用语言抚摸孩子"——和孩子一起阅读。不论是孩子快乐时，还是孩子遇到挫折时，都可以用童话和孩子说话，以故事与孩子交流。父母们可以在春风和煦的青青草坪上，在夏天碧波荡漾的水池旁，在秋日午后金色的阳光里，在冬季夜晚温暖的火炉旁，手捧书籍，和孩子一起分享一个个精彩神奇的童话故事。让孩子感知故事内容，感受语言魅力，感悟人生真谛。

于是，我油然迸出一句"读书的孩子——'坏'不了"。言下之意——喜欢阅读的孩子受到书的熏陶，至少是"合格品"，不可能是"废品"，极其可能是"优质品"。

联合国教科文组织的调查显示：全世界每年阅读书籍排名第一的是犹太人，一年平均每人是64本。中国13亿人口，扣除教科书，平均每人一年读书一本都不到。相信许多人都知道犹太人把蜂蜜涂在书上培养孩子爱书的故事。难怪犹太人聪明，都是读书"惹的祸"。

我们的《语文课程标准》明确规定学生每个学段阅读的字数，小学不低于145万、初中不低于260万、高中不低于150万，共计500万~600万字，已经是很保守的数字了，但实际上，阅读量不到20%。关于阅读，没有几所学校重视，没有几所学校的图书馆正常开放；也没有几个老师注意，没有几个老师把它纳入教学内容；更没有多少父母关注，没有多少父母带头阅读或者陪伴阅读。

即使有孩子阅读，但阅读的书籍主要是作文书、教辅书和课本。即使有父母指导孩子阅读，但多数抠出书中的主题来说教，把相关的内容割裂开来，还不断分析，有时还往难处整，于是孩子越来越讨厌读书。

春节，深圳一直阳光明媚。我和已成年的欢欢、乐乐一起开车带着两岁的侄孙女阳阳到东部沿海放飞心情。车行至隧道里，阳阳问："为什么黑暗？"我正惊叹于阳阳用词很规范时，她爸爸说："因为汽车开进了隧道。"紧接着解释："'隧道'就是'山洞'。"欢欢说："'隧道'和'山洞'还是有区别的，隧道是人工开凿出来的，并能通行；而山洞是自然形成的，不一定是通的。"我也想：小孩正直观感受着眼前的隧道，没必要画蛇添足地解释，以免影响孩子对信息的判断和语言能力的发展。便立即强调："因为汽车开进了隧道。"并要求阳阳朗读了一遍"隧道"这个词。出了隧道后，阳阳还高兴地叫着："天亮了。"

不一会儿，汽车驶进了下一条隧道，阳阳便情不自禁地叫着："汽车又进了一个隧道。"阳阳会主动思考，话语中居然加了一个"又"字。我笑呵呵地修饰着："对！汽车又进了一条隧道。"并强调了"条"的读音。

当汽车钻进第三条隧道时，阳阳真的能叫着："汽车又进了一条隧道。"

在东部湾，阳阳和欢欢、乐乐一起尽情地跑啊，跳啊；静静地淘沙啊，照相啊。我情不自禁地朗诵起一首小诗来："天高云淡春日新，海阔荡漾沙滩银。百花争艳东部湾，千鹭流连棕树林。"阳阳似懂非懂地看着我，笑容可掬。

阳阳挖沙，淘沙，玩沙，不知不觉地在她爸爸的诱导下，战战兢兢地爬向水边。突然一个小浪涌上沙滩，只见小家伙连续三个翻滚，逃离了危险，不过，裤子和裙子已被海水打湿。回头一看，她爸爸仍站在海水里玩水，她赶忙大声哭叫："爸爸，快上来！"看着她双膝跪在沙地（因为害怕不敢站立）、双手远远伸出的着急样，我在笑声中感动了：这孩子心地善良！

紧接着，眼看又有一个小海浪迅速涌向沙滩。说时迟那时快，小阳阳一边急促高喊："快！"一边竟然奋不顾身地扑向海浪，要救他爸爸。我流泪了，为亲情，为血缘，更为孩子的勇敢！我们突然感觉玩笑开大了，连忙抱起孩子远离水边。小家伙坐在沙滩上，远远地望着海水，呆呆的，呆呆的，好久，好久……

时隔6个小时，下午返程，途中，阳阳居然一点睡意都没有。启程不久，阳阳突然说："汽车进隧道。"我愣了一会，才缓过神来："对对对，汽车等会要进隧道。"我们真为阳阳的记忆力和语言运用能力惊叹！

一路上，阳阳非常活泼，异常兴奋。经常"出口成章"，让我惊讶。比如："爷爷家窗户危险！"乍一听，莫名其妙。但稍加联想，哦！原来，我家凸窗是没有栏杆的，怕有孩子翻越窗台，便在窗台显著位置上贴了一个大大的"危险"词语。5天前，阳阳来我家玩，我便指给她看，并做了一个惊悚动作。没想到她过目不忘，竟然记住了这个词语，也许她联想到刚才海边沙滩上爸爸遇险的情景了。

远远地，山来了，山近了，阳阳拍着小手喊起来："汽车马上要进隧道了。"

……

生活中，许多父母生怕小孩不懂一些语言规范，经常添盐加醋地解释一通。有个妈妈经常给孩子读故事，当读到"公鸡在悠闲地散步"时，生怕孩子听不懂，非要好心地解释一句不可："就是说公鸡在慢慢地走路。"这样，好像通俗易懂，殊不知，既影响语言文字的干净和规范，又污染了语言环境，更破坏了语言意境。吃力不讨好！要知道，小孩是语言文字能力发展的敏感期，往往用极其简单的朗读方法，就可以培养孩子的语感，它本身就是孩子对语言文字的积累过程，熏陶过程，训练过程，实践过程。规范语言，一定要从小开始。

林林总总，我们看在眼里，想在心头。我们改变不了别人，我们可以改变自己，鞭策自己尽力走近"父母"。首先从创建学习型家庭入手，克服"以孩子的学习代替父母自身学习""家长只是以孩子学习为中心的陪读陪考""只要'孩子好好学习',不求'自己天天向上'"等误区。其次是逐步实现从"指导孩子阅读"向"自己带头阅读"的转变。把孩子的阅读权还给孩子,本来极其简单的语言,让孩子就用极其简单的朗读或者阅读方法,允许孩子广泛涉猎所谓的"课外书"和"闲书"。

接下来,我们以引导幼小的欢欢乐乐阅读为例,探讨如何让孩子快乐阅读。

我们尝试了下面几个简单方法:

讲故事法。爱听故事是孩子的天性。我们经常给孩子讲故事,欢欢乐乐就会好奇地问我们为什么有那么多故事,我们则顺理成章地说:"书中自有颜如玉。"欢欢乐乐就会读书。或者,我们绘声绘色讲故事至精彩处,戛然而止,故意扯一个什么原因没时间继续讲了,欢欢乐乐正听得津津有味时,我们说:"更多精彩在书中,你自己接着看。"此时的孩子,便会如饥似渴地捧起书,阅读起来,因为他们要深究故事情节。讲故事法的最好层次则是充分发扬孩子的"一表人才"(喜欢表现)的特点,让孩子在目标引领下,或任务驱动中,阅读后讲给大人听,或者谈谈读后感。父母则要认真倾听,及时引导,不停鼓励,大力宣扬。

提问法。选择一些适合欢欢乐乐口味的书来读,给孩子留一些问题,再让他们自己读书。孩子读完后,我们再与他们一起相互讨论交流,让孩子产生成就感。时间一久,欢欢乐乐就会喜欢上读书。

电视引导法。我们选择"视觉模式(图像或文字)"学习方式,搜寻一些根据中外名著改编的电视剧,或根据著名童话、寓言、传说改编的动画片等让孩子观看，然后拿来这些名著的通俗读物和连环画给孩子阅读，将孩子直观的兴趣自然迁移到语言文字的书籍中。

以演促读法。借一个理由，比如为家人庆祝生日来一场戏剧表演。全家人为演好故事里的角色，共读一本书。

循序渐进法。孩子读书习惯和能力得慢慢培养，让欢欢乐乐按照"听书—读图—读绘本—读文"的阶梯逐步成长。

环境熏陶法。家里设立书房、书角，要有一定的藏书，使阅读材料随处可见。我们带头读书，营造全家读书氛围，常和孩子一起到书店和图书馆感受感受，让孩子自己挑选喜爱的书籍，把阅读选择权还给孩子，让孩子感觉到阅读是一种享受。

用"笔"思考法。用"笔"思考，就是动笔书写。俗话说："好记性不如烂笔头。"除此之外，我们认为，只有书写，更能促进深刻思考。如果读到一篇好的文章，或者一本好书，我们都会写一写读后感，也要求儿子把当时的体会写下来，顺便培养思维能力。所以这本书里收录了我们一家四个人很多读后感。

……

总之，方法是多种多样的。但不论哪种方法，家长都要切合实际，考虑孩子的年龄特点和个性特征。对不爱读书的孩子，不要操之过急，更不能施加压力，家长一定要有耐心和恒心，可变换多种方法，诱导孩子读书。记住：绝非一日之功！

乐乐在前面走，我和他妈妈在后面跟着。很长一段路程，只见乐乐拉着行李，时而提着行李，时而上台阶，时而下台阶；时而上电梯，时而下电梯。尽管顺利，还是有点难度。他妈妈几次想上前帮忙，都被我拉住了。

这一天

2009年9月3日，星期四，是乐乐出征北京大学求学的日子（下午2：30的火车）。

清早，我和妻子照常上班，临走时，对乐乐说："我们中午回家和你一起吃饭，午后一点钟送你。"

中午，我们一进家门，只见门旁有序地放着旅行箱、萨克斯、书包和手提袋（火车上的食物），看来，儿子早已收拾停当，正整装待发！我们情不自禁地称赞道："咦，东西都装好了，不错！看来，乐乐从此过上集体生活，我们放心！"赞扬儿子的同时，我们心中倏地油然而生一丝留念：儿子，真的要出门了！

妻子忙着做饭，我便问乐乐："几样重要东西别忘了，身份证、手机、钥匙、钱包，还有火车票和录取通知书。"儿子一一核对，我一边叮嘱贵重物品要随身携带，一边走进乐乐房间，顿觉眼前一亮，只见儿子房间收拾得井井有条，床铺铺得一丝不苟，地面无任何杂物，抹得干干净净，一改原来为拿取方便而在地板上堆放书本的场面，真让人赏心悦目！我忙跑进厨房拉出妻子来欣赏，并大加赞许："这种行为很好，能让人回味！"

吃完午饭，快到一点钟了，乐乐还要洗澡，我怕路上塞车，便只拎着火车上的食物，提前下楼发动汽车，故意把箱子、书包和萨克斯都留给乐乐，以锻炼他的能力。没想到，车子整整发动了20分钟，才等到乐乐和他妈妈下楼来。妻子悄悄给我咬耳朵："儿子今天动作出奇慢，好像有点舍不得走呢！"

到了火车站，乐乐背着书包，一手提着萨克斯，一手小心地拉着笨重的行李箱，向候车厅走去，乐乐在前面走，我和他妈妈在后面跟着。很长一段路程，只见乐乐拉着行李，时而提着行李，时而上台阶，时而下台阶；时而上电梯，时而下电梯。尽管顺利，还是有点难度。他妈妈几次想上前帮忙，都被我拉住了。

火车开动了，乐乐挥手向我们再见，我们看着渐渐远去的火车，突然后悔起来：行李太重了，应该托运一部分的，原本一心想锻炼儿子！不知道他下车，转车，到校，会不会顺利？闪了腰怎么办？有困难时，会不会寻求帮助？于是，我给乐乐发了一条信息：箱子太重，从行李架取下来时，一定找人帮忙，一路顺风！

很快就收到了乐乐的回信："爸妈，你们两个在家要好好生活哟！我会努力的！照顾自己肯定是会的啦，以前是你们照顾得多，我就省些心，呵呵……"

我和妻子本想接下来去上班的，但在返回途中，都一言不发，两人都心照不宣地回到家，直接走进乐乐房间。看着空荡荡的房间，摸着一尘不染的桌面，妻子眼噙泪花哽咽地说："儿子把桌面的字都擦掉了（儿子原来为自我勉励，经常用铅笔在白色桌面上写座右铭、誓言和公式等）……"我们再次为乐乐叫好，更添了对儿子的眷念。

说实在的，下午走进办公室做了些什么，全然不知。下班后，为了缓解牵挂之情，我和妻子一起打球，看电视。不过看电视时，还是时不时地说起欢欢乐乐的事情来。晚上9点左右，家里的电话铃响了。

"妈妈好！我是欢欢。"

"咦，你不是每周六晚上打电话回家的吗？今天怎么提前打了？"

"弟弟是今天坐火车走的吧，你和爸爸都好吗？"是啊，欢欢也在惦记着我们呢。他留学新加坡时，家里还有乐乐，我们还好。现在乐乐也上大学去了，家里一下空巢了，我们突然特别地想念俩儿。

欢欢在电话那头接着说："爸爸妈妈，不要牵挂我们啦，现在通讯这么发达，随时都可联系。再说，我和乐乐的假期都是错开的。我每年六、十一、十二月放假陪你们；乐乐每年一、七、八月放假回家。我们一年中就有将近6个月回来给你们添麻烦呢！你们也该歇歇了……"欢欢的话总是那样条分缕析，听得我们云开雾散……

谢谢儿子们！

我故作醒悟状："哦——不好意思！是我答错了，因为你问我几岁，我就随口回答3岁呀。"小孩若有所思了一会，然后顿悟："不好意思，应该问您有多大年纪。"

文明礼仪要艺术地教练

在食堂吃完午饭，边洗碗边与右手边洗碗的乐乐聊天，左手边走过来一个洗碗的小女孩，读四年级，很可爱。她主动跟我打招呼，问我："余老师，你几岁了？"我欢喜地看了看孩子，"调皮"地回答："3岁。"小孩马上嬉笑道："怎么可能？我看你比我爸爸还大。"我故作醒悟状："哦——不好意思！是我答错了，因为你问我几岁，我就随口回答3岁呀。"小孩若有所思了一会，然后顿悟："不好意思，应该问您有多大年纪。"乐乐开玩笑地说："你真费劲，直接告诉小朋友应该怎样说话不就可以啦！"我呵呵地笑着，乐乐看我默默地微笑，欣赏地对自己说："我懂了，这才是教育！比直接说教效益好。"

可是，前不久，天健小学对全区开放"转变教与学方式，建构自主高效课堂"现场研讨课，我也前往听课。上课伊始，学生齐声向听课老师问好，听课席间，本应报以热烈的掌声给予回应，可遗憾的是那天的掌声，听起来有点像应付。

此时此景，我不禁联想起我们的日常生活中，时常有类似情形：

校园里，当学生向老师问好，并弯腰敬礼时，有的老师不但不回礼，反而视而不见；家庭中，孩子帮助父母取回了报纸，父母却连一句起码的"谢谢"也没有……难道孩子主动向大人们问好或服务是应该的？

每天早晨，乘电梯上班，常遇下一楼层的妈妈带着7岁的女儿去上学。她们一进电梯，妈妈就大声说："叫——叔叔——好！"可小女孩就是不向我问好。妈妈越是当众要求，小女孩越是回头躲在一边。我想：这妈妈为什么不向我问好反而强迫女儿问好呢？我便蹲下身，微笑着对小女孩说："小朋友，早上好！"小女孩羞涩地回应："叔叔好！"

讲文明，讲礼仪，本来是我国历史悠久的优良传统，可现在我们还得大张旗鼓地开展教育活动，有的地方还举行声势浩大的启动仪式，这都无可厚非。但听说他们进行的检查就有点过于形式化、教条化了。居然有检查"文明礼仪三字歌"背诵率、文明礼仪知识答题（知晓率）等项目。我突然想起，这岂不是要求骑单车的人要知道单车钢圈直径是多少、开车的人要知道方向盘的半径有多大吗？文明礼仪是需要训练的，这种训练过程是潜移默化的，有"礼尚往来"的味道，要讲求细节。所以，我认为，文明礼仪教育还得脚踏实地，从一言一行入手，从一点一滴做起，从自己做起，要言传身教。试想：连政府官员都贪污腐败，说假话，怎么能让老百姓讲诚信？假若老师面对学生的问好报以温馨的微笑，学生的问好率一定大增；父母对孩子的服务表示由衷的感谢，孩子就会更勤快，更能感恩。

文明礼仪教育，既要晓之以理，又要动之以情，还要导之以行。

　　我们会经常错过一些事情，你不能老是在原地后悔，把下一个机会也错过了。错过了，就让它过去，找到错过的原因，想办法争取最大限度地把错过的损失补回来。

　　人世间的许多真相要用至真至诚的心灵才能体察得到，当放下自我观念的时候，识别真假的智慧就会自然而出。

　　微笑着听他说完或骂完，用一颗慈悲的心去怜悯那些"心中有污秽之物"的人，或找机会心平气和地进行解释、道歉，千万不要拿别人的错误来惩罚自己。

"讲故事"的故事

　　《故事会》这本期刊，人人都知，个个都晓；小小的，薄薄的，好幼稚，但蕴含着大道理，堪称"微言大义"之作。所以，数十年来，经久不衰；所以，我喜欢路过报停时，坚持捎一本回家，给自己看，给欢欢乐乐看。有时，教育儿子，讲讲故事。

故事一：学会舍得

　　为了训练儿子听力，我常常念出一段话或几道数学题，让儿子们写出来。一天，我报数学题题干的时候，发现欢欢始终跟不上我的节奏，他急得满脸通红。

问他："你怎么了？"

他着急地说："妈妈，前面的题目我没有听见。"

我说："我一直报得很慢呀，你怎么没有听到？"

他说："之前有一题我没有听到，总想回忆出来，后面的就都没有听到了。"

原来是这么回事！

我没有急着报数学题，暂时停了下来。

我问儿子们："如果你在等坐公共汽车的时候，前面一辆汽车来了，可是你没有坐上去，你应该怎么办？"

欢欢、乐乐都说："等下一辆呀！"

我问："为什么不跟着汽车跑呀，一定要追上这一辆呢？"

他们说："傻呀，追得上吗？不是有下一辆吗？"

欢欢说："如果你要总追前一辆，你就永远上不了车！"

我说："对呀，前面的车我们没有赶上，就要等下一辆。同样，前面的题目我们没有听到，该怎么办呢？"

欢欢、乐乐一齐说："那我们就先听下一题呀。"

我说："对呀！在日常生活中，我们会经常错过一些事情，你不能老是在原地后悔，把下一个机会也错过了。错过了，就让它过去，找到错过的原因，想办法争取最大限度地把错过的损失补回来，才是最正确的做法。要懂得放弃，定好下一个目标，这样，你就不会一再错过！"

故事二：眼见不一定为实

我让欢欢、乐乐观察这样一道题目及图形：三个杯子各装了一些饮料，第一个杯子底面直径8厘米，高4厘米；第二杯子底面直径6厘米，高7厘米；第三个杯子底面直径5厘米，高10厘米，哪个杯子的饮料最多？从图上看，第三个杯子的饮料好像最多，所以欢欢、乐乐就毫不犹豫地回答是第三个杯子，过一会儿，他们就说："不一定，要算出它们的容积才知道谁是最多的。"经过计算，第一个杯子的饮料是最多的。当时两孩子说："眼见不一定为实呀！"我听后觉得他们讲得非常好，就讲了一个故事：

孔子被困陈、蔡之间，有七天都没有尝过米饭的滋味。估计是疲倦不堪，便在白天躺着休息。后来颜回想办法讨回一些米煮饭。当饭快要熟时，孔子路过，远远看见颜回竟用手抓取锅中的饭吃。孔子故意装作没有看见。当颜回进来请孔子吃饭时，孔子起身说："我梦到祖先了，应该把这些清洁的食物先祭祀他们"。颜回忙说："不行！刚才有灰尘掉到锅里了，我抓了出来，扔掉总不太好，所以自己吃掉了。"孔子感叹反省道："原以为眼见为实，谁知实际上眼见的未必可信；凭借内心的想法来衡量人和事，到头来也不一定可靠。看来要借由一些事物来知道一个人的为人，也真的是不容易啊！"

由此可见，耳听固然为虚，眼见也不一定为实。凡事如果总是只相信自己的眼睛，而缺少静心的分析与思考，往往会被假象所迷惑，有时则如盲人摸象、管中窥豹，即使是亲眼所见也很难认识到事物的本质。

我告诉儿子，人世间的许多真相要用至真至诚的心灵才能体察得到，当放下自我观念的时候，识别真假的智慧就会自然而出。

故事三：不能成为佛，也要学习佛的境界

12岁的乐乐回到家，生气地说："某某骂我是一头蠢猪。我很生气，想跟他好好打一架。"

我了解情况后说："我给你讲个苏东坡和佛印的故事，你再做决定。"

我讲了这样一个故事：

苏东坡与高僧佛印一直都是好朋友，传说有一次苏东坡拜访佛印，两个人正谈得兴起。

苏东坡突然披上佛印的袈裟问："你看我像什么？"

佛印答："像佛。"然后问苏东坡："你看老朽像什么？"

苏东坡正得意忘形，便哈哈大笑着说："我看你像一摊牛粪！"

佛印笑了笑不再言语。

事后，苏东坡在得意之余，将此事告诉了苏小妹。不料苏小妹却劈头盖脸给他泼了一瓢冷水："这下你可输惨了。"苏小妹说。苏东坡不解，问："此话怎讲？"苏小妹答："心中有何事物就看到何事物，佛印心中有佛，所以看你就是佛；而你心中有污秽之物，你看到的自然就是牛粪。"

我告诉乐乐，其实在日常与人相处中，为了不成为"牛粪"，最

好的办法，就是宽容和谅解，所谓"退一步海阔天空"也即是此道理。

绝大多数人，在被别人误解或是臭骂之后，总是以牙还牙，愤愤不平，甚至睚眦必报。这样一来，相处的气氛以后就显得莫名紧张，同时，所谓的"冤家"一旦结下了，就很难冰释前嫌，因为中国人都爱面子。每逢到此时，最好的办法，我认为就是微笑着听他说完或骂完，用一颗慈悲的心去怜悯那些"心中有污秽之物"的人，或找机会心平气和地进行解释、道歉，千万不要拿别人的错误来惩罚自己。如果你跟他对骂，不但解决不了问题，更可能的效果是火上浇油，最终弄得无法收拾。

即使不能成为佛，也要学习佛的境界，把每个人都视为"佛"，于人于己，都是一份善，都会让人感激不尽。

乐乐听了我的话后高兴地说："妈妈，我懂了，知道该怎么去做了。谢谢妈妈！"

第四章
用活动陶冶孩子

邻居家有两个女孩，一个5岁，一个2岁。2岁的妹妹指着手机套问妈妈："妈妈，这是什么？"妈妈回答："手机套。"妹妹接着问："什么是手机套？"妈妈想了想说："就是保护手机的。"妹妹追问："什么是保护？"妈妈一时语塞，旁边的姐姐帮忙了："妹妹，手机套就是手机的衣服。"……

过了5年，两姐妹长大了。晚饭后，妈妈带着她们到小区广场跳绳。轮到妹妹摇绳时，妹妹故意将绳摇到姐姐肩膀处，还说："不好意思，我个儿太矮。"轮到姐姐摇绳时，姐姐趁妹妹双脚落地一刹那，故意将绳摇至地下。于是，两姐妹争吵起来……

一正一反事例，给我们启示：教育，就是创设一个情境，让孩子在宽广的有风浪的渔场里，主动探索，学会捕鱼，发展能力，培养情操。让孩子在实践中体验，在体验中感受，在感受中感悟。

人们常说："授人以鱼不如授人以渔。"其实，根据现代教育理念，我认为，应该在它的后面再加上"更不如授人以渔场"。

教育要触及孩子的心灵，要让他们在体验中有所感悟。教育是一种生命意识的唤醒，是一种心灵的激励，是一种人格的提升。

授孩子以"渔场"

人们常说："授人以鱼不如授人以渔。"其实，根据现代教育理念，我认为，应该在它的后面再加上"更不如授人以渔场"。即，既要"教"更要"育"。我们要在传授知识、示范捕鱼方法的同时，更要重视创造一个辽阔的有风浪的渔场，让孩子自己在实践中学会捕鱼，同时，在实践中发展能力，在体验中培养情操。即把孩子的发展作为教育的出发点和落脚点，充分调动孩子自主探究学习的积极性，体现孩子的主体性。

平常有家长会语重心长地对孩子说："爸爸妈妈不容易呀，你要好好读书呀！"有位爸爸就是这么教训自己的孩子的："你看你，就考30分，对得住我吗？我每天天没亮就起床上班，忙到半夜才回家（鬼知道他干什么去了），不都是为了你吗？"孩子听了不但不理解，反而更气愤，返身"砰"的一声关掉书房门，把你的话全关在门外，还会气呼呼地加一句："哼，你们大人上班，公司里还有空调呢，我们上课的课室里热烘烘的。"所以说，此时大人的话都是废话，孩子根本听不懂。当然，不是孩子听不懂，而是孩子没体验，没感觉，更没感悟，所以是对牛弹琴。于是，孩子心里就产生了大人"啰唆"的印象。不是有这么一个笑话吗？一所幼儿园的老师，为了让小朋友牢记党的生日，自己掏腰包买来一个大蛋糕，摆放在课室中央，小朋友都争先恐后地围了上来。不知为什么，老师却迟迟没切蛋糕。有一个男孩跑到窗户边向外焦急地张望。老师问他望什么，男孩说："党为啥还不来？"

教育要触及孩子的心灵，要让他们在体验中有所感悟。教育是一种生命意识的唤醒，是一种心灵的激励，是一种人格的提升。

我主持研究并圆满完成了一个广东省教育科研规划项目"小学生情绪调节能力培养的实践与研究"。课题研究中期上了一节"换一种想法"汇报课，主要教学目标是让孩子们懂得"只要换一种想法，就会换一种心情；换一种好想法，就会拥有好心情"，从而学会并实践"凡事从好处想"的道理。我先让孩子们自主思考这样一个问题："一位奶奶有两个儿子，大儿子是卖雨伞的，小儿子是开染坊的。每到晴天，奶奶就想到大儿子的雨伞卖不出去了；每到雨天，奶奶又想到小儿子的染坊没生意做了。天天这样想，奶奶天天不快乐。请问有什么方法让奶奶天天开心起来呢？"孩子们很聪明，很快就解决了问题："奶奶可以倒过来想。每到雨天，就想到大儿子的雨伞卖得好；每到晴天，又想到小儿子的染坊生意好了。这么一想，也就天天开心了。"孩子们很快在这个事例里面明白了"凡事从好处想"的道理。

如果说传统的课，至此已经完成了基础知识的传授任务，基本达到教学目标。然而，孩子们以后真遇到烦心事，心情非理性时，真会用

"换一种方法"的思路自我调节情绪吗？就像我们很多学校经常进行防火防震演习一样。演习时，孩子们都知道怎么做，可是真的发生火灾或者地震了，孩子们还会这样做吗？我看不可能，因为大多演习之前，学校为了避免踩踏事件的发生，为了安全，事先已经告知孩子是演习了。于是，我设计了这样一个情景。我让孩子在大庭广众下喝可乐。因为是在课堂上，孩子们个个高高举起了小手，跃跃欲试。我随机挑一个女孩，她开始当然极其兴奋，后来在我的逐步诱导中，边喝边情绪逐渐低落，直至流出了伤心的眼泪。全班孩子惊呆了，全场突然安静下来。见火候已到，我轻轻说了一句："你能用'换一种想法'让自己心情好起来吗？"短暂的等待中，这位在同学面前丢尽颜面的孩子，突然右手拿着话筒，左手一摆，说："没事呀，我喝了可乐，你们还没喝着呢！"说完，用手抹掉了眼泪。全班孩子直至全场观课同仁不约而同地报以热烈的掌声，这位孩子破涕为笑。（这节课因此获得全国心理课堂教学比赛一等奖，整节课的录像后来被北京大学音像出版社出版发行。）

我相信，这位孩子的感悟是深刻的，以后遇到不愉快的事，一定会换一种想法，凡事从好处想的。

我们对待欢欢乐乐的教育也是这样，尽量给孩子体验的机会。记得有次旅游，我有意识地与18岁的欢欢作对，刺激他，让他练习情绪的自我调节。拍照时，他偏重拍景物，我则偏重拍人。他的理由是：我们是出来游览风景的，拍景物是增强记忆。我也不甘示弱：景物图片网上一搜一大把，所以，要拍人物。尽管欢欢嘴里说"网上搜到的照片是别人拍的，我拍的景物是从我的角度来看世界"，但行动上不断满足我的要求。我知道，我的欢欢掌握了这一本领。这从他读初二时写的一篇作文《感激失意》中能读到。他写道：

"如果生命是攀岩，失意是途中松动的岩石，虽然松动了，但也可以成为向上的台阶。如果生命是湍流，失意就是礁石，生命的河流还可以激发出美丽的浪花。

"古代的文人骚客通常会把自己的失意写进诗里，像'枯藤老树昏鸦''欲渡黄河冰塞川，将登太行雪满山'。这些充满悲情的'浪花'一直被后人所称道。而作曲家们的'浪花'也同样被人们所斟酌。

"我现在练习的《bB大调协奏曲》是布鲁赫的代表作之一。如果没有那一次失意，我就不可能奏出这朵'浪花'的情感。

"那次在全市性电视直播演出上，也许是我个子太高，也许是为了让我压阵，总之不知什么原因，我被老师从副首席的位子调到了最后一排最边角的地方，这样原本想在电视上露脸并且大显身手的机会就彻底没有了。

"带着这一阵失意的痛苦，我在休息时独自一人在角落拉起了《bB大调协奏曲》，想由此借音乐来减轻自己的痛苦。

"当弓子与琴弦平缓而深沉地擦出第一个音时，我的心就好像被一个东西压住了似的，呼吸好像也有点受压迫了，这使我不禁想起以前一些不公平和失意的事，心里顿时涌出了一阵凉意。接着，一连串平稳但苍凉的琶音像一个个木槌一样敲击着我的心，此时的我豁然听出了布鲁赫的忧伤和失意，这似乎和我的心境如出一辙。

"随着曲子的进程，布鲁赫的忧伤变成了忧愤，我的弓子也渐渐用力了。突然，几片感激的'绿叶'飘进了我的琴声里，难道他在忧愤中忽然冒出了感激的念头吗？这布鲁赫也真是奇怪。

　　"正想着，曲势突然一转，进入了一段柔和抒情的章节。在这段章节中，感激的声音越来越多，越来越强烈，好似一大片山林在'报得三春晖'。时而异口同声，时而缥缈不定，时而明明白白地出现在我的琴声中，时而又匿藏在一个个滑过的音符背后。而在这些滑过的音符和飞翔的音乐中，布鲁赫道出了他感激的原因，如果没有身处失意的痛苦，他是不会有创作这首世界名曲的灵感的；如果没有身处失意的痛苦，他是不可能锻炼出坚强的意志的……

　　"对于我来讲，如果没有这次被调位的失意，我是不可能有感情地奏出这首名曲的；如果没有这次失意，我是绝对无法与布鲁赫进行音乐的交流的；如果没有这次失意，我就不会了解和懂得：失意也可以化为动力，失意也能造就我们最辉煌的一刻。

　　"感激失意！因为它能使我们原本平淡的生活激发出绚丽的浪花。"

　　欢欢乐乐小的时候，我们一家人经常逛公园，放风筝，泡书店，骑单车，玩游戏，走亲戚，做义工，看老人……每年暑假，都会游玩国内一处旅游胜地。因为我深深体会到，父母让孩子在宽广的有风浪的渔场里，主动探索，学会捕鱼，有着巨大的教育效益。我们再忙，也要抽时间陪孩子一起活动。一起到书城买书，培养孩子爱读书的性情；带孩子到公园玩，培养孩子热爱公共环境的情感；带孩子走亲串友，让他们懂得尊重别人习惯的礼节；带孩子去名胜风景区旅游，培养孩子热爱大自然，保护环境的情操……

　　18岁的欢欢在岛国新加坡留学已三年了，能用流利的英语沟通了，加上2009年冬季独自一人体验过四川之旅的经历，于是，我们极力建议他到美国走一趟。以下摘取一些《欢欢的美国之行》，看看他是如何在实践中自我体验，探究学习的。

在四天的时间里，一份70页纸的计划行程出台了，参考了各处旅游书籍和网络资源，列举出符合我体力和经济能力的参观景点，以及详细的行车线路和相对位置。同时在剩下的时间里，计划书一直在不断修改，每个点的顺序依次检查，到达时间精确至分钟。

欢欢的美国之行

欢欢日记一

准　备

其实早在9月、10月就开始计划了。考完试后没有什么有意义的事情，原本没有太热衷于出国旅游，只是想自己的越野车怎么改造。但是在爸妈的"怂恿"以及可允许的经济基础的支持下，我很平静地开始了美国行程的统筹。

地点——

记得老爸还是老妈说我不如去看看美国的大学呗。想想也是，自己离毕业不过一个地球周期了，报考美国大学的可能性还是挺大的。与其光是看看美国的城市繁华，不如顺道去大学"探探地"。可是问题来了，好的美国综合大学全部在东北部，理工专科大学排名前几所集中在西南部加州。最后我在身边一堆越野车零件的刺激下选择了加州的理工大学集合。查查地图，洛杉矶和旧金山两城市各有两所高等理工院校。于是地点就敲定了——天使之城和旧金山。此外选择此地还有其他理由，比如有朋友在那里啦，华人社区多啦，种族混杂啦什么的，还有就是天气。虽然加州纬度如同中国上海到北京，但是地中海式气候保证其冬天不会低于5度。这对于长期居留在岛上的我来说十分重要。

时间——

想在放假后留一个星期收拾东西，完结学校的杂事，定为2010年12月7日出发，每个城市一个星期，12月22日前回国。因为美国一到圣诞节机票就麻烦了。

人物——

想约一个乐队的哥们，后来泡汤。于是决定自己单干。

签证——

传说美国的签证犹如上天般困难，加上"锥师兄"说什么美国不放大陆中国人自游行，似乎所有的准备工作胎死腹中。但是事实胜于雄辩，在美国驻新加坡使馆网上花了20分钟填了一张B1签证的申请表，约好面试时间，再去银行向使馆转一次账（近200新币），美国使馆就向我敞开大门了。进去，网上的证明信一给，银行单据一交，面试官隔着玻璃问了三分钟问题（"你爸妈是干什么的？""你在新加坡干什么？""去美国目的？"……），护照一收，说了一句"下星期二来……"几天后，一年多次往返的美国签证就贴在我的护照上了。

机票——

几乎是在美国签证办理的同时我就开始了机票的预订。Wego是个很不错的网站，机票酒店旅行团什么的都可以预订。但是再好的网站，提前一个半月订机票还是会吃不消。订票的中间程序就不说了，几十家航空公司，十几条线路，时间，信誉，服务，安全等，关键是我没有信用卡，于是麻烦重重。最后敲定了泰航、美联航和中华航这几家，算是在价格、信誉、服务上比较可以接受的吧。

旅馆——

没的说，青年旅馆USA hostel连锁，旧金山和洛杉矶都有，20美元一晚，和住宿舍一样，食宿加上洗衣机，外加乐队，酒吧，集体活动。对年轻人来说绝对超值。网上订房，说明时间，选择房间类型（4人、8人、2人等）。

装备——

这个有点惭愧，买了很多冬天的衣服，银子是花了不少，最后还是感冒了。手电筒、刀具、登山扣等求生装备其实没有必要，但还是带了。

最重要的是计划——

浩大城市，举目无亲，犯罪率居高不下，金融危机势力未减，这是其次。那么多的景点，眼花缭乱的街道，还有四所大学，不可能在两个星期内全部顾及到。取舍之间更显分寸，详细计划安慰心理。于是在四天的时间里，一份70页纸的计划行程出台了，参考了各处旅游书籍和网络资源，列举出符合我体力和经济能力的参观景点，以及详细的行车线路和相对位置。同时在剩下的时间里，计划书一直在不断修改，每个点的顺序依次检查，到达时间精确至分钟。

然后，坐等7日出发的时间。

欢欢切合实际的指导思想，周全不紊的旅行准备，精确合理的行程安排，展示了一个逐步走向成熟的男人的气魄。加上他朴实老到的语言风格，使得这本回忆录一开始便熠熠生辉。

我们也为这样的正确抉择感到高兴！表面是让欢欢去领略异国风情，实际上是让他学习地理、历史、人文等各方面的知识；发展他旅游、计划、环保等各方面的能力；培养他解决问题、增强勇气、开拓创新等各方面的情愫；同时，提高他口语、写作等各方面的表达水平。可谓是一次项目学习，意在全方位培养欢欢。

欢欢日记二

到　达

记得太阳很大，天气不错，结束了以往几天来下午阴雨不断的尴尬局面。第一次在新加坡樟宜机场的候机大楼里等的不是回国的航班，所以心情有些兴奋，但更多的还是对未知的迷糊和焦虑。拿着护照和登机牌的左手一直没有松弛过，想卧着休息一会儿却总是被自己的心跳吵醒。环顾四周，每个人都有成熟的理由让自己目光看起来平静，因为他们至少知道自己到达目的地后的第一个动作。而我则完全不一样，尽管70页的计划书分量不小，地图时间详细到每一个大楼每一分钟，但地球那一边的情况究竟怎样，如何安全到旅馆，这一切都是空虚的，就像是在大雾天气里看自己的影子，就在面前，但又散布在周围，怎么看都觉不自然。

话说回来，新的空客飞机加上泰航50周年庆典让这本身加重我疑虑的旅程轻松不少。椅背上的个人娱乐设施，宽敞的经济舱，稀少的乘客，剩余的头等舱配餐（龙虾），加上座椅下的电源插座，让我实在不想一路睡过去。事实上，一路的顺风除了把飞机推到超音速外，其带来的颠簸的确对电脑和人脑都是个大考验。不过还好，近14个小时的向东飞行让我赚回来了近半天，旅途的疲惫按照计划可以在美国当地时间晚上，即我刚下飞机后，得到消除。

飞经台湾的时候，台南的城市灯光勾勒出岛南端的地理形状，弯弯曲曲的一条细线在飞机机翼下从容穿过。感觉像是在看一幅平面的地图，从台湾海峡往东北移动，一览众山小。连续看了近20分钟，幽黑的山脉看不清形态，只能猜测。直到飞机从台湾东北部离境，前面就是太平洋了，就是我尚不了解的另一半地球，宽阔平静的海域和被人们誉为神话的美合众。

进入洛杉矶国际机场的盘旋空间已经是当地时间晚上7点多了。看着机翼下飞速而过的街灯和繁华的城市，一直很难理解洛杉矶为何被称为"天使"，很难想象其实加州已经破产。降落加上找行李和入海关，好像8点半左右才走出世界上最忙的机场。打的，因为没有机场地铁，15公里花了老子60美元。到旅馆，洗澡，上网（免费Wifi），睡觉。顺便说一句，我认为，洛杉矶远没有新加坡城市化彻底，的士司机知识浅薄，但尚健谈。车上看到的是机场周围拥挤的街道，马力一辆比一辆大的SUV和箱行车，颠簸破旧的快速路，满目的垃圾食品店、纹身店、烟具店（可能贩毒）……除去文化差异的必然冲击，平心而论，美国给我的第一印象是"也就那样"。

　　起初，欢欢还是挺紧张的。候机时的心理描写真实又别具一格。说它真实，主要因为迷糊和焦虑，毕竟是第一次，毕竟是独自一人，毕竟是去一个远隔重洋的陌生的地球的另一面；说它别具一格，主要表现在类似这样的细节"拿着护照和登机牌的左手一直没有松弛过，想趴着休息一会儿却总是被自己的心跳吵醒"和独特的感受"这一切都是空虚的，就像是在大雾天气里看自己的影子，就在面前，但又散布在周围，怎么看都觉不自然"（我猜想是因为2009年冬成都之旅的体验吧）。

　　我经常给欢欢乐乐讲，想办成一件事，要力克两"意"，即"洋洋得意"和"毫不在意"。人如果"洋洋得意"，沾沾自喜，"被胜利冲昏了头脑"，对事情就会掉以轻心，以致完不成任务；人如果毫不在意，就缺乏计划安排，容易措手不及，导致不成功。正因为欢欢紧张心理，带来谨慎心态，促使欢欢正视困难，主动探究，预示"美国之行"收获颇丰。

欢欢日记三

第　一　天

　　时差的缘故，第一晚没有睡多久，美国西部时间5点就醒了。说精神不是很好，但也有明确的意识今天要干什么。USA hotel的早餐7点开始，前两个小时我就躺在床上翻查着谷歌地图和洛杉矶的交通，试着熟悉一下所谓天使之城的线路。7点整，我带着装备到厨房里，用咖啡冲了燕麦加糖浆，算是早餐了。今天的当务之急是买到电话卡和公交卡，这两样东西是新加坡生活的必备，但不知道在美国能不能行。询问了前台，守夜班的美国小姐很热情地告诉我在好莱坞区所有的杂货店和电话服务站都可买到。但在询问有否单车出租店时，她告诉我在洛杉矶几乎没有人骑单车，她的一个朋友还因为骑单车出了车祸。看来只有用脚走了。

出了宿舍，北美初升的阳光还没有温暖好莱坞大道上的星星，一排排毫无精神的树拉着长长的影子，在街道上蔓延，突然就投影在紧闭的商店大门上。才7点半，没有店铺开门，橱窗里的模特也像是刚睡醒没有光彩。特别是那些"琳琅满目"的性用品商店，暴露的内衣穿在死尸一般的塑料模特身上显得很好笑，也许晚上开灯后还能有点效果吧。传说中繁华的好莱坞也只是有稀疏的SUV飞驰而过，基本没有巴士带来震撼。越过街道，进入美国货币办事处，买到了一张公共交通的乘车卡，其价格让我感觉自己被骗了。既然所有的商店都没有开，不如趁这个时候熟悉一下好莱坞区。从USA hotel向西，走300米就是最老的埃及影院，接着是音乐学院，然后是电影里出现过的麦当劳。再向西，吉尼斯纪录馆，好莱坞惊奇博物馆，好莱坞历史博物馆。经过一个十字路口，看到highland购物中心，这里就是好莱坞的心脏部位了。沿路的纪念品商店一个接一个，卖的东西基本一样，迷你小金人，T恤衫什么的。走进一家开门早的，买了一份洛杉矶地图，那华人店主怀疑我是从英国来的，口音很不一样。其实我是为了防止在美国被歧视专门练过的，看来玩过了。

在 highland十字路口往北，沿着北海兰大道，面朝着一个大教堂，上面挂着一个大大的红丝带。左边是文艺复兴酒店，就停在门前的加长悍马看，应该是五星的。

走到教堂，向东北看可以远远瞭望好莱坞的大牌子。但是北海兰路没有什么可以记录的，于是我就往南原路返回。在路过中国戏院的时候看了一下地上的手印，又在柯达影院里拍了一张照片，大概是没有人的缘故吧，觉得无聊，便继续向南走，想看看两个街区外的日落大道上有什么景观。

走在路上，清晨笼罩在市区的薄雾开始散去，从海兰路向南可以看到洛杉矶其他区的房屋，可以说是一望无际，成百上千的一层或两层别墅向海的方向铺开，没有突兀之处。不过在我感叹的同时，低空巡逻的直升机在好莱坞上空开始制造噪音，仔细一看，LAPD，洛杉矶警局。

日落大道也没有太突兀的景观，沿街的稀落矮楼透现历史的痕迹，大理石的人行道肮脏不堪。很奇怪，日落大道的行道树是高大的棕榈，树冠皆有20米以上，既不挡风也不降噪，难道只为景观？唯一高耸的建筑是CNN大楼，黑红相间的楼层显得很醒目。还有就是一个巨大的球幕影院arclight，以及最大的音乐CD店"变形虫"。

还是没有什么可以看的。虽然电影和电视里描述的好莱坞的确很繁华，但现实中其城市化没有新加坡或者深圳的一半。虽然其建筑没有给人压力，但也没有给人带来活力。综合来讲，就是没有风格。

踏着比涅街的星星，我向北走回好莱坞大道。正前方是好莱坞的档案馆，鹤立鸡群的现代建筑。但是我计划中没有去那里。

回到好莱坞大道时已经10点多了，街道上开始喧嚣起来。在通讯店里买了一张T…mobile的电话卡，完成了今天上午第二个目标。上午最后一个目标是买相机……

买相机的过程有点复杂，重点是坐错了车，迷路在埃塞俄比亚人聚集区，看着沿街的青瓦红砖房子一点不觉得着急，可能是洛杉矶真实的气氛吧。现在才发现自己其实还没有心情去细细欣赏洛杉矶和好莱坞，前几个小时都是在完成任务，买乘车卡、电话卡，熟悉地形，都是写在计划里精确到分钟的，唯独迷路没有计划在内，所以可以支配的时间很多，因此就不着急了，反正到时候坐反方向的车回去就好。现在才发现住宅区里的木质电线杆虽不稳固但很有味道，庭院的栅栏看起来似乎是父子一起涂的。美国冬天的天空还是很蓝的，少有几片稀薄的云在万米高空飘浮，时而有一两架飞机在空中随意画上几笔，有意无意张扬自己的存在。虽然已经11点多了，街道上的车辆还是很稀疏，以至于每一辆车接近时轮胎擦地的声音都可清晰听见。

言归正传，在回去的路上发现一家相机专卖店，进去看看，那里索尼NEX-3比市区广告里宣传的还便宜，当时就买了。

回到好莱坞，在"传奇"麦当劳吃了午饭，回USA hotel睡了一觉，一下子到了5点，天已经黑了。夜观好莱坞的繁华，参观吉尼斯博物馆和蜡像馆，试试自己的新相机。美国之行第一天就结束了。

一切都是陌生的，一切都得靠自己，"鼻子底下就是路"，这很好！尽管咨询未果，但欢欢毕竟这样做过。尽管后来包括打的、买卡两次被骗（他自我感觉），但都是成长的必要积累。吸取经验和教训，这是异国旅行收获其一。

其二，练就文笔。字里行间流露了欢欢变化的心情。第二自然段开头的情景描写很有文学色彩，如"北美初升的阳光还没有温暖好莱坞大道上的星星，一排排毫无精神的树拉着长长的影子，在街道上蔓延，突然就投影在紧闭的商店大门上""橱窗里的模特也像是刚睡醒没有光彩""暴露的内衣穿在死尸一般的塑料模特身上显得很好笑""传说中繁华的好莱坞也只是有稀疏的SUV飞驰而过,基本没有巴士带来震撼",强调前文"也就那样"的第一印象。因为当时没有完成当天的任务,所以当然没有心情观赏异国风情。倒是迷路让欢欢的行程精彩起来:"现在才发现住宅区里的木质电线杆虽不稳固但很有味道,庭院的栅栏看起来似乎是父子一起涂的,美国冬天的天空还是很蓝的,少有几片稀薄的云在万米高空飘浮,时而有一两架飞机在空中随意画上几笔,有意无意张扬自己的存在。"

其三,依计行事。准确说,欢欢到美国的第一天还是有准备的,俗话说:"兵马未动,粮草先行"。欢欢在回忆中写道"现在才发现自己其实还没有心情去细细欣赏洛杉矶和好莱坞,前几个小时都是在完成任务,买乘车卡、电话卡,熟悉地形"。

坐在副驾上的欢欢与我交流："爸爸，小车司机应该敬畏大巴，礼让货车。"

感谢儿子让我收获了一种驾车文化，更收获了一个教子策略：父母虚心下去，孩子就会成长起来。

到了美国后，兄弟俩配合更是非常默契。你订酒店来我做后勤，你驾车来我看路，你搜饭馆来我帮购物，你当导游来我拍照。整个旅途，因为我们不懂英语，享乐了我们，更锻炼了儿子。

示弱中享乐

世纪之交，盛传21世纪人才必须拿到三张名片：上网、开车、会英语。欢欢乐乐当时七八岁，虽说他们不是"上网"和"会英语"的"原住民"，至少可以算得上"移民"，总比我们这代"难民"强。所以，"上网"和"会英语"是伴随孩子自然而然的事情。倒是开车，欢欢乐乐一到合法年龄，我们就鼓励他们学习开车。

兄弟俩很快相继拿到了驾照，更收获了驾车的文明和文化。一次，我驾车载着一家人外出，一踩油门冲到了一辆大巴前面。坐在副驾上的欢欢与我交流："爸爸，小车司机应该敬畏大巴，礼让货车。"欢欢继而解释：因为大巴里承载着更多的生命。

"我以前经常抢跑大巴，以为小车灵活，听你这么一说，我真的感觉好内疚。"我对大巴油然而生敬畏，接着又疑惑不解，"但为什么要礼让货车呢？《交通规则》不是说'大车让小车，大车不超小车'？"坐在后排的乐乐也在谈体会："虽说'大车让小车'，但不是说小车不尊重货车。因为货车刹车太难，再启动更难。"十年驾龄的我被刚刚拿到驾照的儿子们点醒，真的好汗颜。

开车的人都知道"礼让三先"，即先慢、先让、先停，也知道"抢出祸端，让出平安"的道理，可现实中，有多少人做到了呢。扪心自问，我有时也"抢"路。有一次，我让了一辆小车，哪知道那辆小车后面连续跟着6辆车抢在我前头，有的司机还望我一眼，以为我不会开车似的。于是，我也就"抢"路。还有一次，我初驾上路，因技术因素，差点挨着同向行驶的小车，哪想那小车加油变道冲到我前面，来了一个突然"急刹"，我着实吓了一跳，至今心有余悸。

如今，经过欢欢乐乐这么一具体细说，我真的认识到，路不是"抢"出来的，而是"让"出来。太多的拥堵，不是因为"路窄"，而是"心窄"，不是因为"车辆多"，而是"火气多"。为争一分钟，谁都不让谁，结果谁都不能过，谁都没捡到便宜。因此欢欢、乐乐说："给别人让路就是给自己出路。""开车，就是为别人。"驾车更是一种文化，那就是——尊重和礼让。古人曰："让，礼之主也。"（《左传·襄公十三年》）

从此，我开车更加约束自己，学习儿子们的"敬畏大巴，礼让货车""尊重行人，善待车友""让别人舒服给自己安全"，左转进入主道一定先停车再观察，然后安全驶入……

感谢儿子让我收获了一种驾车文化，更收获了一个教子策略：父母虚心下去，孩子就会成长起来。

　　欢欢独自游览美国后，我们决定一家人自驾游美国，领略美国西部人文风光。

　　因为我们夫妻不懂英语，所以，一切的一切，由欢欢乐乐承担。从预约签证到网上预订机票，再到选定行程路线，两兄弟互相提醒，相互出谋划策。因为一家4人不在同一个地方，这个过程，基本通过我们家的"欢乐开怀"QQ群来完成。就说那预订机票，有一天，我们一上QQ群，哇，兄弟俩的对话，一串一串地呈现在我们眼前。诸如，乐乐："我连续搜了这几天的机票，感觉从香港起飞到西雅图转机比较实惠。"欢欢："我刚查看了，的确划算。"乐乐："赶快下手，不然煮熟的鸭子飞了。"欢欢："呼叫爸爸妈妈，请你们定夺，我和乐乐都推荐这条航班路线……"等了好一阵子，乐乐："好像爸爸妈妈都不在电脑前……"欢欢："是啊，怎么办？"乐乐："刷新一下，看看票还在么？还在！"欢欢："本来我们订机票只提前了3个月，后面订机票越来越贵，不能等了。"乐乐："我也认为马上订。哥哥，你订吧，我的信用卡不在身边。"欢欢："好。"过了一会，欢欢："到美国的机票预订成功。我已经放在群共享了。我要去上课了。乐乐，你再查查美国国内的机票。"

　　到了美国后，兄弟俩的配合更是非常默契。你订酒店来我做后勤，连车上播放中文CD都考虑到了，因为他们原来只有英文版歌曲，怕我和他们的妈妈在旅途中听不懂；你驾车来我看路，整个旅途，行程三千多公里，兄弟俩轮换开车，居然一次都没走错路；你当导游来我拍照，每个景点如何游赏、有何特点，儿子们都心中有数，还不辞辛苦地背着水和照相机等；你搜饭馆来我帮购物，吃饭后给小费的事他们都了如指掌，我们购物时，儿子就做翻译。

所以，我们夫妻二人全程只有"傻享乐"的份。一路上，我们观赏了拉斯维加斯的华丽，赞赏了胡佛大坝的奇丽，欣赏了蜜湖的秀丽，探赏了死亡谷的明丽，品赏了锡安公园的绚丽，叹赏了羚羊谷的俏丽，饱赏了科罗拉多大峡谷的壮丽……

因为我们不懂英语，享乐了我们，更锻炼了儿子。其实，这就是一种"示弱教育"。

这种"示弱"，也是我们经常采取的教育方式和方法。

我清晰地记得这么一次。孩子喜欢吃土豆丝，我在切土豆丝时，不小心切破了左手手指，顿时鲜血直流。我并没有隐蔽，而是用右手紧捏指头，忍着疼痛，呈现给欢欢乐乐，让他们一览无余。4岁的儿子们一个赶忙喊来他妈妈，一个直接跑去拉开药品抽屉，拿出创可贴。妻子给我包扎伤口的那一刻，我一直关注欢欢乐乐的表情，那种专注、那份心疼、那样的担心，真的让我很欣慰。

欢欢乐乐长大了，一个暑假，我们全家到西藏旅游。事前，妻子特地强调说我年龄已大，并提起上次游览四川黄龙我在高原吸氧的事。我明白妻子的用意，是在提醒儿子们一方面多关心我，另一方面也要自身注意在高原上别随意冲动，培养孩子的责任心。其实当时第一天刚到西藏，我只感觉有点不适，后来倒没什么，但我将计就计，干脆扮演一个弱者形象，所以，欢欢乐乐随时随处都很主动，又是联系导游又是找寻酒店，又是背负物品又是帮扶我们，始终不离我们5米开外，让我们感觉他们真的一下子长大了很多，倍感满足。可能"穷人的孩子早当家"就是这个理！

我们养育欢欢乐乐这对双胞胎兄弟委实辛苦。就说带他们上街，人家是夫妻两人轮换怀抱一个孩子，而我们是一人怀抱一个，没有替换。欢欢乐乐刚学会走路时，我们每天高兴地在后面"追"着："走啊，走"，可等到他们真学会了走路时，他们又变着法儿的偷懒不想走路。逛街时，我们是抱抱孩子，然后让孩子走走。孩子不想走了，我们尽量鼓励他们。有次，逛街回家上楼梯，儿子要我们抱，我们就说："爸爸妈妈累死了，腿很痛走不动了，怎么办啊？儿子。"这时欢欢乐乐定会争先恐后，显示出他们的英雄气概，一个扶着他妈妈上楼梯，一个拉着我上楼，我们夫妻便在快乐中不断称赞孩子们真能干，都是爸爸妈妈好帮手。

类似的，我们经常使出这样的招数，表现出头痛、手痛、肚子痛……或者没有时间等情况。时间长了，幼小的欢欢乐乐潜移默化地养成了自己吃饭、洗脸、刷牙、穿衣、脱裤、盖被子等习惯。虽然动作慢些，但提高了自理能力。更重要的，从小培养了他们良好的意志品质和态度情怀，让他们尝到了"送人玫瑰，手留余香"的幸福感。这样，通过"格物"的体验实现"致知"的目的，通过"助人"的实践培养"为乐"的境界。成就孩子的同时，我们乐在其中。

话说回来，"示弱"虽是一种教育艺术，能给孩子一定的自主权和实践机会，训练孩子的独立性，增强孩子的自信心，培养孩子的爱心，但一定要把握好"度"，切不可滥用。要讲时间、地点和情形，要在孩子们面前"真实地"示弱，要适时适当地示弱。否则，会让孩子有恃无恐，会弄巧成拙。

一个班里获全A的只有3~5人！两个儿子都是这3~5人中的一员。

我们听后觉得乐乐表现得很好，不但没有责怪他，还赞赏他助人为乐。只是嘱咐他吸取教训，以后要注意一些细节问题，比如，为同学换登机牌之前要把行李委托给一位同学保管。

发现有一个孩子和他的妈妈没有上车，欢欢很主动地下了车，对我说："妈妈，你们先走吧，我要等他们，他们不认识路。"

操行评定都是A

两个儿子相继初中毕业的时候，同学给他们的操行评定都是A。所谓操行评定，就是同学之间彼此就各方面的表现进行背靠背评议，每一个孩子都要参与。每人都要评议班里其他同学，同时接受每一个同学的评议。让我惊奇的是，欢欢乐乐怎么能做到让全班的同学在每项（一共有5项）中都给他们打上A的呢？要知道一个班里获全A的只有3~5人！两个儿子都是这3~5人中的一员。

后来，发生这样一件事，我似乎从中找到了答案。

乐乐读高中时，一学年有一个为期一到两周的社会实践活动。他高一去了井冈山，回家的时候就给他哥哥买了一个小礼物。

他高二的时候，则是去考察浙江大学和复旦大学等几所高校。我清楚记得，他出门时，准备了一些换洗的衣服和生活用品，放在一个箱子里，还准备了一些学习用具、手机、照相机之类的放在书包里。

一周的社会实践活动顺利结束，乐乐和同学们一起返回深圳。临到家的前一个小时，乐乐的班主任老师打电话来了，当时我真是吓了一跳，我不知道发生了什么事情。好在老师告诉我：乐乐装衣服的那个箱子丢失了。并温馨地提醒我们不要责怪乐乐，因为乐乐是为同学服务而丢失箱子的。

原来，登机前，乐乐把箱子放在同学们的行李中间，便去为同学们换登机牌了。他把登机牌逐一发到同学们手中后，同学们就相继散开去接受安检了，谁也没有注意到他的箱子。他发完登机牌回到放行李的地方拿箱子，已经不见箱子的踪影了。乐乐跟我们解释完丢箱子的前因后果，我们听后觉得乐乐表现很好，不但没有责怪他，还赞赏他助人为乐。只是嘱咐他吸取教训，以后要注意一些细节问题，比如，为同学换登机牌之前要把行李委托给一位同学保管。

欢欢15岁那年，第一次远离我们，独自去新加坡莱佛士书院读中学（学校不允许父母送孩子）。已经两个月了，因为想念孩子，我和其他孩子的父母一起于圣诞节前，去新加坡探望孩子。

我一走出新加坡樟宜机场，就看见了欢欢。只见他手上握着一个保温杯。我立刻上前熊抱儿子，欢欢羞涩地微笑着。我突然感觉儿子已经不是一个男孩了，而是一个十足的小伙子了。我们母子松开后，欢欢把茶杯递给了我，说："妈妈，喝一点冰可乐吧，新加坡的热，您很难想象的。"我的眼泪一下子就涌出来了：他是怎么想到的？怎么能这么体贴人？

接下来，我在新加坡的行程，不，是我们一行10个家长的行程，欢欢他们安排得十分周到，我们家长非常满意。要知道，他们到新加坡也才短短两个月。这些孩子表现出较高的主人翁意识。

我们一行有说有笑，第一站当然是迫不及待地去参观孩子们所在的莱佛士书院，晚上，我们才去酒店住宿。欢欢坚持要送我们到住的地方，因为从他们学校到我们住的地方有很远的路程，坐车要转几次，我们还人生地不熟。同行的有位家长考虑到欢欢送我们到酒店后，返回学校时只有一个人，就叫她的儿子跟欢欢一起送我们。没想到，她的儿子竟然不肯，还说："这么远，我今晚还要写作业呢！你们自己去吧。"我当时就有点生气。欢欢连忙说："没事没事，我送你们去就行了。"后来由于我们订的酒店房间不理想等的问题，在酒店浪费了很长时间，欢欢回学校已经很晚了。他怕我担心，一回到学校就给我打了电话，那时已经凌晨1点了。

我们在新加坡第三天，欢欢他们陪我们这些家长去游玩东海岸。上车后，发现有一个孩子和他的妈妈没有上车，欢欢很主动地下了车，对我说："妈妈，你们先走吧，我要等他们，他们不认识路，你们到那里下车后再跟我联系（因为东海岸很长，有很多下车的地方）。"我们只好先走了。

同样的事情在那天中午吃饭时又发生了一次，一个家长带着孩子吃完饭后迷路了，打电话给欢欢，要欢欢去把他们接回来，欢欢非常爽快地应允了。

我们这些家长从新加坡回国的机票是早晨6点多钟的，也就是说我们要4点起床。头天晚上跟欢欢他们道别的时候，就说好了，不要孩子们操心，我们自己去机场。没想到，次日凌晨，我刚起床，欢欢就打电话过来叫早了，我当时的感觉就是心痛：欢欢为什么把所有的事情都想得那么周到？不累吗？我的好儿子！

回国后，我忆起这些经历，讲给欢爸听。讲着讲着，情不自禁地哭了起来："同样去异国他乡，同样两个月时间，为什么人家孩子可以不管事，欢欢却那么操心？为什么人家迷路，还要欢欢去接他们？"欢爸听后却笑着说："你应该高兴呀！为欢欢的逐渐成熟，为欢欢的宽阔胸襟。"我边擦眼泪边说："我也知道，只是心疼儿子！"

今年的9月3日乐乐离家北上，3日的晚上欢欢就打电话回家安慰我们；10月2日我们去北京看乐乐，下午2点30分的火车，2点31分，欢欢的信息在我的手机上响起：旅途愉快。3日晚上刚到北京，正在吃饭时，手机又响起：你们到了吗？还顺利吧……

这就是我的欢欢，一个心里总装着他人的儿子！

现在我终于有点明白，为什么两个儿子在同学们的操行评定中，都可以得A了！

山上的雪很大，到处是白色，他有很多年没有看到下雪了，所以非常高兴。看到汽车上山装了防滑链，他也去买了一条防滑链，装在自己的鞋上。

生活真精彩

（一）

16岁的欢欢11月13日从新加坡回到了深圳的家。在家里休息了一个星期，11月21日晚上坐火车去了武汉，去学SAT，为明年的考试做准备。住在武汉市武昌的姨妈家（确切地说是他姨妈女儿的家），他姨妈非常热情，有两年没有见到欢欢了，打电话问我欢欢喜欢吃什么，喝什么。我说不出他特别喜欢的东西，就说他什么都吃的，很好打发，可是他的姨妈还是给他又买牛奶又买巧克力的。搞得我们挺感动。

欢欢的舅舅也有两年没有见到欢欢了，很想欢欢。在11月28日，星期六，欢欢坐了两个多小时的汽车，到了武汉市汉口的舅舅家里。后来，欢欢的舅舅打电话跟我说，欢欢很懂事，举止文明，行为习惯好，与人交谈大方得体，知识面广，生存意识强。看来出国两年进步很大，我听后也很高兴。

欢欢的奶奶也很久没有见到欢欢了，欢欢在12月5日这天，坐了3

个小时的汽车到了黄石，见到了85岁高龄的奶奶。他奶奶特别高兴。前段时间他奶奶摔了一跤，我们都怕老人家顶不住，可是老人坚持下来了，见到欢欢病也好了一半。欢欢的姑姑又是杀鸡又是买肉的，欢欢说："你们不要把我当客人呀，我简直受宠若惊了！"

（二）

早就在人人网上看到了欢欢的安排：12月12日从武汉学习返回深圳；12月14日去四川旅游，历时10天；12月25日去北京看望弟弟，12月27日坐高铁回深圳，途中可以穿越大半个中国。真爽！

12月12日，欢欢的姨妈全家出动，冒着大雨把他送到了机场。欢欢晚上8点23分飞回了深圳。

12月13日，第二天是星期天，原来他还在武汉的时候，就和同学约好了这天去听音乐会。因为次日要赴成都旅游，晚上8点，在他爸爸的催促中，回到了家。

他和他爸爸一起讨论赴成都的初步安排。这次旅游是半自助的形式，他们父子最后达成共识：自己想玩的地方就去，远的地方就跟团。

晚上9点，欢欢开始收拾衣服，一共要出去15天，衣服又不方便洗，所以要多准备一些。可是他这两年都在新加坡，没有添置什么冬衣，结果把家里翻了个遍，好不容易才找到了几套换洗的衣服，加上羽绒衣，填满了一箱子。

晚上10点半，欢欢开始睡觉，把闹钟调到早上5点半。哪晓得，次日早上5点半，我们还没有起来，欢欢就已经穿好了衣服。

12月14日早上7点半，欢欢搭乘的深圳至成都的航班如期起飞。欢欢开始了独自一人的成都之旅。

（三）

14日到达成都后，就开始了他自助行。

第一站就是"杜甫草堂"，由于里面曲径通幽，欢欢迷路了，很晚才出来，本来游玩"武侯祠"的计划只好作罢。于是他去了"锦里"，通过他发给爸爸的信息得知，他觉得"锦里"很有玩的价值，一直玩到晚上9点多才走回宾馆。成都路上的景色很美，银杏树的叶子铺得满地金黄，走在上面，就像在画中游。

第二天是跟旅游团到乐山。到达乐山的情形他没有过多地告诉我们，他不喜欢去拜佛，也就没有多说什么。下午去参观了乌木馆，他又像发现了宝贝似的，说很值得一看，全是"无价之宝"（这是给我发的唯一的信息里面的原话）。晚上就住在峨眉山了。晚上发信息给我们，说山上下了很大的雪，不知明天金顶是否有雾，说不定还可以看到佛光。我们没在意这些，倒是挺担心上山的路是否安全。

第三天是游玩峨眉山。山上的雪很大，到处是白色，他有很多年没有看到下雪了，所以非常高兴。看到汽车上山装了防滑链，他也去买了一条防滑链，装在自己的鞋上。这一天，据他自己的描述是玩得很high!

从峨眉山下来后，又去了一线天和猴山玩，只是天气太冷了，猴子可能没有出来，还好一线天一路的风景让他弥补了这个遗憾。

当晚从峨眉山回到了成都。17日到19日是到海螺沟。去海螺沟主要是看现代冰川、亚洲第一大冰瀑，还有原始森林、温泉等，途中要经过大渡河，他比较喜欢这样的景点。

17日一早，他发了一条信息给他爸爸：我现在在川藏公路上，路边的景色非常雄奇。

可能是天气太冷，雪太大了，冰川应该被大雪覆盖了，他没有看到冰川，没有达到预期的目的。又加上他被冻感冒了，晚上发给我们的信息不是很高兴，只是说很累，爬山的时候租了一双山地鞋，把自己的鞋子弄丢了。后来又和他爸爸电话里商量了下怎样从北京回深圳的方式。

18日一早，欢欢发来信息：昨晚有点感冒，脾气不好。是昨天爬冰川出了点问题，还有点雪盲。昨晚吃药了，现在好多了，没有问题了，放心！

19日晚上告别了海螺沟回到了成都，准备第二天去青城山和都江堰。20日一天是游玩青城山和都江堰。21日到23日是到九寨沟和黄龙。24日准备自己在成都玩，25日去北京，27日从北京飞回深圳。

用"笔"思考，至少有三大好处：一是记录生活，记录人生；二是以写促读，"用以致学"，因为写作而阅读，在写的过程中学习语言，积累语言，运用语言；三是通过写促进自己深入思考。

用"笔"思考

记不清在哪读过这样的文章，但清晰记得文章内容：中国的历史试题——"甲午战争是哪一年爆发的？签订的叫什么条约？割让多少土地？赔偿多少银两？"而日本的历史题目——"日本跟中国一百年打一次仗，19世纪打了日清战争（中国叫甲午战争），20世纪打了一场日中战争（中国叫作抗日战争）。21世纪如果日本跟中国开火，你认为大概是什么时候？可能的原因在哪里？分析之。"

有个日本高中生是这样分析的：我们跟中国很可能在台湾回到中国以后，有一场激战。台湾如果回到中国，中国会把基隆与高雄封锁，台湾海峡就会变成中国的内海，我们的油轮就统统走台湾的右边。这样，会增加日本的运油成本。我们的石油从波斯湾出来跨过印度洋，穿过马六甲海峡，上中国南海，跨台湾海峡进东海到日本海，这是石油生命线，中国政府如果把台湾海峡封锁起来，我们的货轮一定要从那里经过，我们的主力舰和驱逐舰就会出动，中国海军一看到日本出兵，马上就会上场，就开打！按照判断，公元2015年至2020年之间，这场战争可能爆发。所以，我们现在就要做对华抗战的准备。

　　显然，人家是在培养孩子的思想力，而我们还在考评学生的记忆力。在工业革命时期，弗兰西斯·培根说过一句真理——知识就是力量。那个时代要的是效率，知识的多少就是评判人才的标准。但在信息时代的今天，也有三个显著特征：知识极丰富、知识更新极快、获取知识的渠道极多。因此我们也要刷新"人才观"：不仅仅是知识，也不仅仅是方法，而更重要的是学习力、思考力、判断力和创造力等。

　　如何培养孩子的思考力？

　　我一直主张我的孩子用"笔"思考，也就是动笔写东西。至少有三大好处：一是记录生活，记录人生；二是以写促读，"用以致学"，因为写作而阅读，在写的过程中学习语言，积累语言，运用语言；三是通过写促进自己深入思考。

　　为什么建议孩子坚持写作？应该说，与我的工作息息相关。

　　我是语文教师。

　　回忆起自己的写作教学，我模仿过钱梦龙先生的教学方法，学习过魏书生的教学模式，研究过许多特级教师的教学经验。但印象最深的是三句话点醒了我。现在想起来，当时我好幼稚。

　　20世纪80年代，因为"优生优分"，我师范毕业后被分配到湖北省黄石市，走上了小学语文教学岗位。正因为这，我才站上讲台两个月，市语文教研员赵班胜老师就指名要听我一节作文指导课。我当然是既高兴又自信，做好充分准备后，从作文命题、立意、选材、列提纲甚至到起笔，一丝不苟地都给学生一一进行了指导，教学过程按部就班，滴水不漏，自以为圆满地完成了教学任务。可赵老师听完课后，虽然是微笑着说的一句话，但当场让我满脸通红："你知道学生为什么最怕写作文？就是像你这样的作文指导课给闹的。"尽管他接下来解释说因为我很优秀，又是语文教学战线上的"新兵"，没受过"污染"，想从我这样的"新人"身上观摩到一节全新的作文指导课。但我感觉憋屈：我上学时，我的老师不都是这样指导我们写作文的吗？

憋屈归憋屈，我不能辜负赵老师对我的厚爱。我思忖起来：自己现在脱口而出的写作方法和原则，不是十几年在学校读书时老师教给我的（似乎都还给了老师），而是我短短几个月通过备课和写作实践琢磨出来的。我恍然大悟：自主、探究是写作的法宝。作文教学，重要的是冲破传统教学的桎梏，激发孩子的兴趣，让他们在作文实践中自己用"笔"来揣摩写作技法，提高学生能力。有人说，授之以鱼不如授之以渔，我说，更不如授之以"渔场"。这一思想，不仅一直指导我的作文教学之路，还成为我二十多年的教育教学观。后来，我还给赵老师开玩笑说："作文教学'指导课'应更名为'辅导课'。"

不久，我担任了教学副校长，成为市小语会理事，参加了国家级课题"言语交际表达训练"的研究。其间，听了课题研究代表于永正老师"买手帕"的课，耳目一新。他的说、写结合训练，让我记忆犹新。特别是后来学生给商店经理写了意见信后，于老师一定要求那位经理给孩子们回信。我表示不解，于老师对我说："要让学生知道，作文是用自己的话表现生活，表达真情，并且可以收到实效。"是啊，学生作文，不仅是练习语言的过程，更是思维锻炼的过程。从此，我带的每一届学生，都坚持一天一篇日记或者课外练笔，把"观察、思考、表达"三者有机结合起来，用"笔"思考人生。

步入21世纪，我来到了深圳，有幸成为全国著名特级教师支玉恒的邻居，无时无刻受到支老师的教诲。他说："学生不会习作，其实跟老师不会写作有关。"乍一听，感觉支老师说话多少有点武断，但扪心自问：我写了多少东西？准备了多少下水文？多少次与学生同写一篇作文？我明白了：写作教学，不能隔岸观火，只有自己亲身体验了，才有资格辅导学生。从此，我开始努力"笔耕"，经常以孩子的角度和语言写写下水文，既对孩子起到"以身作则"的作用，更深切地影响着自己的作文教学（我也经常写写教学心得、研究论文、工作报告等，以致后来养成了习惯。不管到哪个单位，都成了理所当然的兼职"文秘"）。我们经常要求孩子写具体，可孩子就是没话可写，三言两语就结束了。这时就不能一味责怪孩子而应不留痕迹地引导学生。这里我举一个事例吧。一天，在辅导学生把话写具体时，我先后做了两次喝茶的动作，让学生描述。学生根据我的动作分别说："余老师喝了一口茶"和"余老师一只手慢慢地拿起桌上的杯子，另一只手小心翼翼地揭开杯盖，用嘴轻轻地吹了吹茶水，然后就像品酒一样喝了一口茶"。显然，人物的性格特点在第二句中表现得淋漓尽致。学生在不知不觉中领悟到了什么是具体描写。

我的儿子也受益匪浅，从小学到大学坚持用"笔"思考人生，写出一些独辟蹊径的深刻"感悟"来。

暑假里，欢欢想去打工。他的同学打暑期工去的都是公司、银行等白领云集的所在，欢欢却选择了洗车场的"洗车工"。说是通过洗车来接触社会，不仅接触蓝领，更想接触的是社会底层和顶层相碰时的浪花。因为这时能迸溅的不仅仅是个人情感，还有的是每个人的道德和思想，从而学习与不同的人打交道。于是，欢欢便有了历时50天的白天累出一身汗，晚上笔耕千余字的《洗车场随想》。因为用"笔"思考，所以，欢欢虽然重复一样的事情，但每天都感觉有独特的经历和感受。

他在洗车场的第8天，遇到一位Q5女车主，从心理"佩服"这位白领（也许吧）的定力，但同时也鄙夷她的气焰和逻辑能力。事情的起因是她的奥迪前几天在洗车场里更换了刹车盘和机油，但是在第二天的时候发现变速箱的热感传感器坏了。这位女车主从上午10点就坐定大厅，然后直到下午4点才挪窝开车离开。其间没有上过一次厕所，没有吃饭，也没有喝一口茶（她说不愿……）。整整6个小时一直高声扩语，不断重复"这车进来是好的，是从你们店里出去坏掉的，你们就有责任"……隔墙之耳都能把这几句话背下来了。按照这位女车主的逻辑，不同系统的问题都能一样审视？一个人在餐馆吃饭后查出了癌症，难道餐馆的厨师要负责？一个人在理发之后发现腿折了，理发师也要出医药费？据说那位女车主最后基本是求着老板："你就把修车钱赔给我吧，我心情已经很不好了，你就当作安慰我，行不行？"结果老板一句话驳回去："我安慰你，谁安慰我啊！！！"

与这位女车主大相径庭的是一位丰田商务车主。戴着眼镜，精瘦，但白发满头，可见他也奋斗过很长时间。欢欢和小刘师傅花了两个小时将小车内饰打理了一遍。车主过来检查，分别给欢欢和小刘师傅一人一瓶饮料，没有像有的车主摆出大爷样，召唤下人似的要求洗车工擦干净，他居然使用敬语"麻烦……""没事，就这样吧"等。

欢欢在《洗车场随想9》中写道：今天是我来到洗车场的第9天。洗车场真是一个神奇的地方，社会的顶层和底层都能在此擦肩而过。社会的顶层开着法拉利、宾利、保时捷等轿车来到这里，不放心地将自己的爱车钥匙交给我们，查看自己车里的物品，再怀疑地退到旁边，比监工主管还认真地监视着我们操作泡沫机和水枪。而社会的底层，也就是我们的工友，有时每天洗二三十辆车才能拿得每辆一元钱的工钱。如果遇到下雨，每个人一天可能连4辆车也洗不到。洗车场里的工人平均年龄不到25岁，其中还包括40多岁的老板，大多都是高中毕业或者没有毕业就出来闯江湖的。他们中有慢慢累积上升的，也有慢慢消磨颓废的。当我们16岁在初三或者新加坡纠结着自己的学业时，他们很多都已经离开家里，融入了社会；当我们一日三餐都有父母的保障时，他们可能必须洗10辆车才能得到一份体面的午餐；当我们大侃自己的梦想和如何实现时，他们则必须抛弃自己曾经的梦想让现实打磨自己；当我们在电脑前仔细查看美国大学的录取消息时，他们也许只能忙里偷闲玩玩QQ游戏。有人会说这些人没有追求，所以没有动力。但是你能保证你今后重复同一件繁重无聊的任务时能有更高的追求吗？你能在汽车引擎的轰鸣还有满身油污的时候思考普罗旺斯的薰衣草？或者保证一天下来关节散架后还能研读《论语》或者尼采的论文？再简单一些，也许你连穿着湿鞋子站在太阳下汗流浃背半个小时也不愿意。在生存勉强保存的时候，生活的憧憬就别考虑了，顾此失彼。

　　欢欢提出给洗车场里多买几台吸尘器的事让他想到了"公民意识"和"工作意识"。这是他去洗车场的第10天了。他观察到：硕大的洗车场里只有3台吸尘器，还有一台是不能用的。严重影响工作效率。趁午饭时，欢欢说："我想给洗车场里买二三台吸尘器。"竟然没有一个人同意他的想法。主管首先说："这个是老板的事，你不用管。"经理接着说："吸尘器不够用是个问题，但是你买了吸尘器老板会怎么想？"机修的师傅和洗车的工友们插嘴说："不如请我们吃一顿更好。"

对于主管和经理的说法，他觉得无可厚非。的确，作为一个洗车的学徒，购买吸尘器的工作的确超出了他的责任范围，在工作里他确实没有责任去干涉老板的决定。但是他认为这仅仅局限于"工作意识"里。人生活在大大小小的社会里，自己的工作意识必须要建立，因为这是社会运行的基本。但是仅仅有工作意识是不够的，在社会中人们还要有"公民意识"。工作意识是顺着这个社会的结构来发挥自己的能力，承担自己的责任和义务。而公民意识是体现在人们对于这个社会的认知上的，主要的作用是改善这个社会结构，解决出现的问题。人们常常强调"各家自扫门前雪""做好分内的事情"，对于社会结构和身旁的问题则持一种观望和看戏的态度，等着"有关系的人"来解决问题；另外，很多时候人们总是喜欢在追究"责任"上花工夫，而忽略"解决问题"。"别人的错为什么我们买单？"人们太麻木于工作意识而忽略了公民意识，就导致各种问题悬而未决。空谈误国，实干兴邦。

用"笔"思考，培养了思考力。欢欢本来可以在莱佛士高中毕业后申请公费的新加坡国立大学的，但他执意申请美国的自费大学。我不解地问：读新加坡的大学，既不花我们的钱，以后又可以留在新加坡就业。欢欢给我写了一封长长的信，信的大致内容是这样的：

美国的教育毕竟比新加坡的好得多，我到美国见见世面后再回新加坡就业不是件很难的事。再说，以后不一定留在新加坡工作。因为新加坡作为一个在伊斯兰国家中的华人主体国家，自然压力很大。所以从

1965年建国以来就一直在外交、科技、贸易上面下狠功夫。话说新加坡那几个开国之父们的确很厉害，在建国动荡那几年瞅准时机，把2010年之前的计划都做好了。从新加坡的发展看，新加坡早期的发展是类似改革开放的发展的，就是重工业打头，劳动密集型企业跟进，还有服务业也跟着发展。重工业中，重要的就是炼油和航运，这两个到现在都还是新加坡的立国之本——港口和裕廊工业区。但是新加坡的立国之本，也是它的软肋。能源更新速度很快，炼油产业在20年内也许就不是很赚钱的生意了。航运，地缘优势很重要。马六甲海峡现在还没有竞争，但是当中国和泰国共同开凿克拉地峡之后，或者中南半岛通中国高铁，那新加坡的港口就失去绝佳的地缘优势。

我又问欢欢，那以后是不是想在美国工作呢？欢欢回答说："也不一定。"他继续写道：

美国在未来的发展不会有欧洲和亚洲好，是因为其对于工业的轻视。关于工业是经济基础的问题，邓小平那一代人是很了解的，而且他的理论还结合了社会主义市场经济和中国工业的关系。尽管奥巴马在连任时强调，将会尝试将之前转移海外的工业移回国内，扩大国内的就业率。但是在国外工业不断进入美国国内，还有美国国内市场萎缩等因素，美国本土工业想东山再起，短时间之内不大可能。美国的工商业和政治太有关系。传统工商业，比如能源、交通，还有零售，都花大价钱去买通政客，或者直接派高层参与政治，通过一些法律来扩大本行业的利益。这样一来，这些工业的惯性就很大。但是传统工商业，在现在很多时候，不转型是没有办法生存的。举个例子，特斯拉是美国顶尖的公司，但是其销售在美国好几个州都受到当地法律阻碍。第一，特斯拉是直销，直接从工厂卖到当地的直营店，这样经销商中间环就跳过了。但是美国经销商是重要的地方财政收入来源，所以很多州直接禁止特斯拉车的销售。第二，就是石油工业的阻挡。有些州通过法律限制特斯拉和其他公司的充电桩建设，目的是保护当地石油工业的利益……

欢欢还如此分析了德国、日本、中国等国家，他的思考力不仅表现在"高谈阔论"上，还落实在脚踏实地中。我们家洗手间新装了一台排气扇，可是一启动，整个洗手间嗡嗡地响，噪音很大，无法使用。排气扇本身没问题，专业师傅已经黔驴技穷。欢欢回到家一看，二话没说，剪下一个5升装塑料油壶上半的锥形漏斗部位，将漏斗广口与排气扇进风口相接。一按电源开关，果然，排气扇基本没有什么噪音了。至于什么原理，至今我也没弄明白。

以下再选取欢欢乐乐几篇生活随想。

"潜水"实验

防水手表并不少见，如今，我们小学生手上戴的手表差不多全是防水的。我的，也一样。

但是，说归说，别人说你的手表是防水的，你就会相信吗？万一手表一沾水就成了"终结者"了呢？所以，星期三的晚上，我就给我的"伯尔尼"（手表品牌）进行了一次长时间的令人不可思议的"潜水"训练。

我先熄灯佯装睡觉。好！爸爸妈妈都回他们的睡房了，准备行动。我从床上跳起，悄悄地到洗手间取出我早就准备好的一杯水，小心翼翼地把它放在我的书桌上。之后，我把我那只心爱的"伯尔尼"从手上快速地摘下来，并将手表带子卷好，以便它能整个潜入水中。

嘿嘿，老弟，怕了吗？亏你"老哥"——我信你才买了你这块"所谓"的防水手表。我可要考验考验你的防水功能，看你是否名副其实。说罢，我便抓起"伯尔尼"按到了水里。

这还不算，我接着把水里的"伯尔尼"的荧光灯也给按亮了。恩！还好，一切都正常。第一关，"水中亮灯"通过了。下一关是"水中计时"……不错，一切功能正常。最后两关就是看你的"水中闹时"和"防水本领"了。我自言自语。

现在，该我入眠了。

……

"嘀嘀，嘀嘀……"我一骨碌地从床上爬起来，嘿！这手表的闹铃准确无误地指向我设计的6：30。我再对照家里的时钟，一样准确。

太好了，"伯尔尼"的"股票"不但没有下跌，反而一片泛红。

（欢欢）

拜　年

"乐乐，在家好好待着啊！我们去XX家拜年！"随即又是"砰"的一声，门关上了。

唉，又去拜年。过年这几天，我对拜年等字眼非常敏感。哪里是拜年呀，明明是送礼嘛。只见一份份礼物送来，又被爸爸妈妈送了出去，一点没有表达节日的真诚祝福，反而徒增了许多麻烦！这来来往往的，我们家好像是一个中转站，爸爸妈妈是搬运工，把礼品调一调，再送出去。

不是吗？我们家前几天来了四五位客人，都提着大包小包的。有一种精美包装的糖果让我垂涎欲滴。客人走后，趁爸妈不注意，我悄悄地轻轻地撕开一角。此时，我突然感觉爸爸已经站在我身后了。爸爸看我已经把这盒糖果撕去了一角，便赶忙拿来了双面胶，一边粘一边自言自语地说："这个准备送给XX的。"我听了，吐着舌头走开了。现在我的嘴巴还什么礼品都没吃到的时候，那些礼品早就不翼而飞了。我曾以为爸爸妈妈是被什么人逼迫而这样做的，现在我明白了，是"上帝"要他们这样做的。

以前我跟爸爸妈妈一起拜年时，我只知道寒暄几句，装出一副真诚地送礼的样子。唉！这种送礼能表达多少真情实感呢？为什么出于无奈的事还要装得那么真诚呢？我还真要找到"上帝"问个明白。

一阵门铃声，爸爸妈妈终于回来了。"上帝"刚刚让他们抖抖身子，休息了一下，紧接着又是一阵门铃声，家里又来客人了。

爸爸妈妈跟来拜年的寒暄着，我则躲进了房间，隐隐约约地听到："呀，又买了这么多的东西，花了不少钱吧……年年过年都想着我们……""这些……不算什么……"这些话语加深了我的记忆中还没有消失去的旧印子……

客人走了，我瞟了瞟礼品，咦？那探出袋子的礼品不就是有精美包装的、曾被我撕去一角的那包糖果吗？（乐乐8岁）

考试让我快乐

　　什么？考试能给人带来快乐？是呀，现在同学们一提及考试就头大，我怎么会从中得到乐趣呢？肯定不是因为我叫乐乐的缘故，而是我想着考试有另外的一些作用。

　　考试是一种检查，它检查你以前是否努力过。努力过的在发考卷时正襟危坐，从容不迫，因为他们有底，不像"山间竹笋"的"腹中空"；而没有努力过的呢？抓耳挠腮，心里思忖着怎么过这一关。说实在的，面对考试的这两样心理我都有过，正襟危坐的感觉很不错，发挥得也很好，而后者却差多了，考试的时候还曾出现头脑一片空白的现象。看来我要不懈地努力，争取每次考试都能出现"很不错"的感觉。

　　考试是一种激励，这是我从一次数学测验中领略到的。考试那天风和日丽，坐在考场上的我又想起了那无数个努力的夜晚：有时为了一道题周旋很久，有时汗从脸颊滴到纸上也忘了擦，有时盯着草稿纸看了太久眼睛都花了……总之，这些换来了我在考场上的顺利——别人觉得题很难而我却觉得很简单，全等三角形一看就出来了。我像踩着一阵风一样做完了试卷，还检查出来了一道错题。总之，努力后的那一场考试让我感觉特别愉快。这，就是考试的魅力；这，就是考试带给我的快乐！

　　考试是一种再学习。取得高分时，高兴的滋味就不用提了。有一次我语文测验拿了高分，结果高兴得中午请了好几个人吃饭呢。这，不是典型的快乐吗？考试也有失败时，但我也感到了快乐，我认为它帮我强化了学习。有一次数学考试是在一个下午进行的。我刚做到一半就遇到了一个"碉堡"。这是道证明题，我把代数式画来画去，绞尽脑汁，再加上天气非常热，豆大的汗珠冒在了我的额头上。最终，由于我这类证明题做得不多而失败了。考后，老师为我讲解了这道题。于是我铭记在心。现在，遇到这种题我都能三下五除二地做完，又掌握了一个知识点，我能不高兴吗？此时，我恍然大悟，"失败是成功之母"原来是这个意思呀！（乐乐11岁）

丹青难写是精神
——17岁生日自我速描

美其名曰"深圳市三好学生"的我，阳光，注重全面和谐发展，学习成绩一直不错。我诚实守信，心胸开阔，广交诤友，能热忱地服务社会并在其中表现出对自然的尊重和对他人的关爱，养成了文明的生活习惯和优雅健康的审美情趣。

爱好，激我"奋袂"

"人是要有点精神的。"从读小学时候起，我就喜欢听音乐，与古典音乐有所接触。在巴赫的管风琴声中，我感受到了尊严；在肖邦的小夜曲里，我领悟到了宁静；在柴可夫斯基的《悲怆》中，我形成了自己的人生观：这个世界永远比你梦境中的那个世界糟糕，只有在不服输的信念支持下，你才有勇气去面对困难，面对挫折。

后来读了初中和高中，我也比较喜欢读书和参加体育活动。读书不仅让我拥有更多的知识，开阔了视野，更坚定我"越是艰难越向前"

的信念。杰克·伦敦的《马丁·伊登》就点亮了我生活的明灯。我喜欢体育竞技，曾在深圳市第六届运动会中获得游泳第二名的好成绩；而篮球，让我由一个小孩成长为一个高大（我身高190厘米）自信的小伙子，让我明白要不停地向上看，要不断地跳得比别人高。"晴空一鹤排云上，便引诗情到碧霄。"爱好和特长，激发我上进，"奋"字当先，充满自信地面对我的未来。

生活，让我"奋斗"

我能够品味成功，更能承受挫折，坚持总结、反思和提高。小学毕业前因为仅一分之差而落选代表深圳队到香港参加粤港澳奥数竞赛，我在痛苦中警醒，奋起直追，流着泪一举考上了深圳中学超常班、深圳实验学校超常班、深圳外国语学校、深圳高级中学等重点学校。中考之前我得知自己被保送进入深圳中学，然后一度放松，中考考得不理想。事后我进行了总结分析，在接下来的高一分班考试中，如愿以偿地考入了超常班。于是，我学会了从失误中学习，在失败中完善，养成了认真习惯，责任感倍增。高二的时候担任年级的学代委员，协助主席管理事务。同时组织学代会，参与学生会会长的选举和学生会章程的制定等活动。我做事情能坚持到底。学习上，我可以为一道难题熬到很晚，或者问老师，问同学，直到完全弄懂为止；生活中，我也可以为完成一项任务而不惜放弃休息，坚持把事情做透做好。去年"校长杯"篮球赛上，我的脚趾受伤了，我仍然坚持在场上拼搏。同年为完成一篇研究论文，我连续五天埋头于查阅资料。我相信，只要目标明确，坚持就是胜利。我"不放弃"，也"不抛弃"。我性格随和，待人友善，并不时准备为别人提供帮助，尽心尽力。同学说我像一头蓝鲸，个子大却脾气温和。所以我的人缘一直都很好，真挚的朋友也很多，从他们那里我也获得了许多。

学习，令我"奋进"

我拥有较强的自学能力以及科学的学习方法。自进入深圳中学初中超常班以来，我就被竞赛的文化氛围所影响，并决定自学物理。初二的时候我就买了高中的教材和辅导书，每天完成作业后就看一点，"非学无以广才，非志无以成学"。初三的时候就参加了高中的物理联赛，虽然没有拿到一等奖，不过也为我后来的化学学习和竞赛打下了一个很好的基础。前年9月，刚进高一，在全年级1000多人参加的物理竞赛选拔考试中，我取得了第一名的好成绩。我正欣喜于选择学习物理备战全国竞赛时，因为化学老师的器重，我改选化学竞赛。去年9月，我首次参加全国高中学生化学竞赛，一举获得省级赛区二等奖。今年9月，我再接再厉，取得化学竞赛（省级赛区）一等奖（广东省第三名）的好成绩。可惜的是，在接踵而至的广东省复赛中，我考了第七名（全省只有6个入选全国冬令营指标），与全国冬令营失之交臂。虽然数、理、化这三门学科一直是我的强项，但我从没有把语文和英语等其他学科的学习束之高阁。我以为语文是提升人文素养的根基，英语是造就国际化人才的渠道。于是，我及时查漏补缺，科学统筹安排，在感知中积累，在感悟中提高。

未来，促我"奋飞"

"衣带渐宽终不悔，为伊消得人憔悴。"因为我自高中选修化学以来，就一直梦想佩上北京大学校徽，感受这块圣地的庄严。我的未来不是梦，我的未来是理想。张闻天说："生活的理想，就是理想的生活。"我享受挑战，决意融"奋"字于北京大学"坚毅的、顽强的、前赴后继的"精神中，我将翱翔在北京大学广袤的天空，并从这里眺望世界，飞向未来。（乐乐17岁）

新加坡，前前后后五周年

我习惯性地把自己的现状考虑清楚，思考自己的心情，思考自己为什么会这么想，这么做。这样我身边发生的事情都会在我的掌控之中，生活起来虽然比较累，但是自己不会出太大的岔子。比如，由于前一阵子为了考试喝了太多的能量饮料，导致最近这几天体内电解质和各种内分泌的不稳定，所以睡眠时间和质量都有所下降。但即使我知道这几天不正常的原因，我也无法控制那些化学反应，而且我也无法改变身体的宽容度，因此我对于这几天的异常不感到稀奇。

我们都希望自己的生活很"顺"，也就是按照自己的安排发展，但是我们在生活里之所以那么迷茫，有时觉得无助，那是因为自己的生活中有更多的因素是自己控制不了的，我们只是万千因果关系中的一支。生活中有部分是自己能改变，能控制的，我们会把这些做好；对于那些我们无法控制的，比如体内的化学反应，我们只能等待，静观其变，并且接受自己无法改变的事实。

我花了两年的时间才意识到这一点，又花了剩下的三年半来理解这一点，可能还会花一辈子去思考这一点。

2007年11月1日下午的3点半，是改变我和一堆人（可能）一生的转折点。这天下午我们在深圳告别了父母，飞到了新加坡，从此"回家"这个词就成了一个无法达成的希望。新的环境，新的朋友，新的关系，新的生活让我一时无法适从。对于其他人，这个"一时"也许就两三个月，或者半年，而我的"一时"则长达两年多。我带着旧生活的习惯，旧时间的关系，旧岁月的想法来尝试适应新的环境；我凭靠着旧的自信，旧的认知，尝试在新的生活中站住脚。就像用爬石山的步伐过沙丘，结果沙子将脚越埋越深，身体却无法前行。

　　曾经有人说过，军队里的训练就是把新兵的自尊打破，再让他们自己重建。新的生活也是，在新加坡的前两年，一次次的打击和失败把我在国内树立的尊严击垮，但是在我最绝望的时候总有我之前不注意的优点，在默默地为新的自信打地基。当我发现自己的小提琴练得不是乐团里最好的时候，我却能因大家的支持当上首席；当我因为语言问题无法在文科上及格时，我对于生物的高效率理解让我几次都拿到4.0分。在那个时候，我对于自己尚不理解，对于整个生活也没有太多的考虑，所以当时生活给我的是单纯的喜悦和失望的交叉。

　　如果一个物体被赋予了太多的回忆，那么这个物体再简单，也会是自己的宝贝。很自然地，我在新加坡的第二年，从中国带过去的那些物品都陆陆续续离开了自己的视线。首先是牙刷、沐浴露、拖鞋，还有我最喜欢的一双鞋，初中三年的记忆在OBS后就不见了；然后是自己的背包，四年的重量把它的拉链在2009年撑破了；接着是钢笔，因为开始使用圆珠笔，所以就一直留在笔袋最里面；最后是床单、枕头、蚊帐……当房间里充满了在新加坡购置的物品时，也差不多是我两年结束的时候。物品总会用旧，总会遗忘；曾经尖锐的回忆，时间长了，也会被生活琐事打磨平。因为生活总是要继续。

被琐事打磨的生活其实不平淡，因为总有自己无法控制的部分来给自己带来波澜。在我离开家五周年的当天，我们家搬离居住了近十一年的莲花北村，同时我和她结束了我们的9年。

搬家这件事，对我的影响不是很大，但是爸爸妈妈对新的住处、新的生活一直抱怨不断。妈妈在和我聊天的时候就常说住新房子上班不方便，新房子没有旧屋明亮宽敞，旧屋现在在装修，以前的东西都变了，之类的。其实她一直没有说，我在家八个月突然离开后她和爸爸的生活；或者是我们全家4人短暂相聚后他们的反应；他们也没有细说我分手这一件事对于他们的冲击，不过他们估计也深刻地感觉到，之前习惯的生活已经不在了。为什么我一直觉得自从五年前上飞机的那一刻起，"回家"就成了一个无法达成的愿望？从我爸爸妈妈的角度来说，现在"回家"可能就等于回到旧屋，我和我弟，我们全家一起吃饭，开我和她的玩笑。这都一去不复返了。

爸妈在那八个月的假期里经常问我，如果新加坡那么好，为什么还要去美国？我的回答是，如果老家那么好，为什么还要来深圳？倒不是说美国就一定比新加坡发达，只是当自己习惯了一种生活后，就要时时在新生活里打破自己的旧自信，再在那些旧自信的废墟上重新建立尊严。年轻的时候，尊严要被打破和重建多次才能稳固，才能在以后的发展中保持自己强大的内心。对于父母来讲，他们一次次跳出龙门，一次次打拼，一次次被打击都是在重建自己的自信；而我则和他们一样，也要一次次开始新的生活，才能有足够让自己站稳的自信。离开旧时光必然很心痛，因为那些曾经定义"我"的现实都可能永远成为回忆，但是生活必须继续，然后再用新的自信来给"我"加入新的注释。

似乎越说越跑题了，但是我还是觉得摧毁原有自信就是在新环境里，接受自己无法改变的因素，并且重新找到自己能改变的那部分的一个无可避免的过程。我来到美国，对于我，我们家，还有她都是一个新生活的开始，一个放弃旧时光的开始。父母这个年龄，要融入和习惯新的生活毕竟不会很容易。一开始会很难受，但是一切都慢慢做，都慢慢走，总会走出来的。（《白马啸西风》最后一章：白马已经老了，只能慢慢走，但终是能回到中原的。）

越往这方面想，越感到自己的渺小，越感到世界和自己的想象的脱节。同时也越来越理解，也越来越接受"自己无法控制"的那部分。生活中有两件东西不能强求，泼出去的牛奶和别人的感情。事情发生了，就只能接受，无法改变；自己很优秀，但别人就是不喜欢，也不会感觉奇怪。生活是往前走的，生活在过去的回忆里不是办法，世界不会停下来照顾你（时间也是要有巨大速度才能缓慢下来，但那只是你的时间）。

鄙人愚见，与君共勉。

他说非常怀念爸爸开车送他上学的时光，非常想吃妈妈为他做的土豆烧牛肉，宿舍里的泡面实在是不好吃，所以让同学们在回国的有限的时间里，多吃吃妈妈做的菜，多和爸爸聊聊天。

情难禁

2009年6月，欢欢这次回国的时间很短，正如他自己没有回国之前在网上发布的一样，只有短短的77个小时。我计算了一下，扣除飞机晚点和在路上的时间，真正待在家里的时间还没有77个小时。

6月18日的晚上，在新加坡留学的深圳学生和家长有一个聚会，从2004届一直到2009届的都参加了，主要目的是请2004和2005届的孩子们介绍申请大学的一些经验，他们已经在美国、英国的一些著名高校上学了。那些孩子也很大方，毫无保留地把自己当年的一些方法和经验介绍给了学弟和学妹，我们这些2006届、2007届、2008届和2009届的学生和家长受益匪浅，让我们后面的孩子以后升学少走一些弯路，谢谢这些精英们！

这些学长真的很优秀，他们在介绍经验之中，有一位学长提到了自己的一些想法，说自己学成后还是要回国发展的，因为他的根在中国，他热爱自己的父母，要在父母的身边来报答父母的养育之恩。他提议每个留学生用简短的话语表达一下对父母的爱意。每个孩子都情真意切地说了一番对父母感谢的话语，那场面让人很感动，觉得做父母能这样被孩子理解，再苦再累也是值得的。

我正猜想我的欢欢上去怎么说呢。看看他，他好像一点都不急，一直在忙着摄影。一直到最后，大家全部都说完了，他才上去，拿着话筒，讲了一句话，就哽咽着说不出来了，眼泪也流下来了。他说非常怀念爸爸开车送他上学的时光，非常想吃妈妈为他做的土豆烧牛肉，宿舍里的泡面实在是不好吃，所以让同学们在回国的有限的时间里，多吃吃妈妈做的菜，多和爸爸聊聊天。说这些话的时候，他一直都是哽咽着的，泪流满面。我的泪水也情不自禁地流下来了，全场许多人都哭了。我跑上台紧紧拥抱儿子，很久很久……

我知道，欢欢只身于异国他乡，苦过，累过，也寂寞过，但也是一种健康成长过程。我虽心疼，但不后悔。

欢欢不是一个情感外露的孩子，为什么这次会这样的情难自禁呢？我想可能有几个方面的原因吧。

一是他长大了，真切地懂得了父母的养育之恩了。原来跟父母在一起的时候，只是单纯的学习，玩耍，所有生活上的事情一律由父母承担。出国两年多来，遇到的事情都要靠自己去解决，才知道父母原来为自己付出了很多。从心底里觉得父母的不容易，所以要好好感谢父母。

二是这次回国的时间实在是太短了。星期四的早上10点到家，星期天的晚上8点就要赶往机场。在家里还没有好好休整一下就要走了，觉得非常舍不得。家是一个加油站，家是一个避风港。用他自己的话说，回家睡觉都要踏实些。是呀，他15岁就出国了，确实是吃了一些苦的。学习方面的压力不说，单生活、交往等方方面面都要他自己处理，真是难为他了。

三是有点内疚吧（我猜的）。他一直是一个对自己要求很严格的孩子，在学习上和生活上对自己要求较高。出国后，由于有各种的活动，他喜欢参加。回国前，还参加了一个生存与领导才能的训练营，是在马来西亚举行的，为期5天，他自己去办签证，安排好一切，顺利而圆满地完成任务。他参加了学校的弦乐团，排练、表演用去了他的大量时间，因此学习成绩一直就有点不尽如人意，这点他也非常明白。可是要让他死学习，他又办不到，学习成绩一直是我们谈得最多的话题，他觉得没有达到我们要求的标准，可能有一点小小的内疚吧！

看到他情深意切的表现，我跟所有的家长一样，再苦再累都不觉得了。只愿他能有自己的打算，以后升学的路能走得更顺一些，我也不要求他能进剑桥大学、哈佛大学、普林斯顿大学这样的名校，只要是适合他的，他觉得值得奋斗的学校，我们一定会支持他的。

我们的宗旨是——快乐学习，健康成长，享受生活！

第五章
用人格感染孩子

德国著名心理学家荣格有句名言："文化的最后成果就是人格。"言下之意：教育，最终要让孩子形成健全的人格。

如何让孩子形成健全的人格？常言说"言传不如身教"，家长的榜样作用在孩子的心目中是非常重要的。父母的人格力量潜移默化地通过模仿、暗示和感染而影响、传递给了孩子。一定意义上说，有什么样的父母，就有什么样的孩子。如果父母是孝敬老人的，孩子就学着孝敬老人；如果父母是宽容的，孩子也学着宽容；如果父母是充满自信的，传递一种正能量，孩子也学着百折不挠……相反地，如果父母是不负责任，孩子也学着推卸责任；如果父母喜欢责难，孩子就学会指责；如果父母待人敌意，孩子也就学会争斗……

所有到我家来看小孩的人，进门就开始帮我们做事，临走时他们还担心我们一家人恐怕忙得连饭都吃不上。但两位伟大的老母亲，凭着她们的勤劳和智慧，团结合作，抢着干活，并互相关心，相互体谅，把培育欢欢乐乐的琐事都处理得井井有条，邻居都感到不可思议。

感恩父母

培养儿子的过程中，我深深体会到，儿子的成长离不开我们两个母亲的照料和感染。我要感谢我们的父母！

欢欢乐乐刚出生，我的婆婆和我的母亲就来帮我们了。特别是婆婆，一坐车就晕得要卧床3天才能起身的，何况家里有一个年纪很大，有病还不会照顾自己的公公。公公得知我生了两个孩子，心疼之情油然而生，催促婆婆过来帮我们。婆婆也二话不说，放下照料公公的责任，克服舟车劳顿，帮我带孩子，做家务。我的公公和婆婆一辈子都没有分开过的，因为婆婆来帮我带孩子，公公没人照料，不久就病逝了。婆婆自来我家，一直到公公去世，他们再也没有见面。现在一提起这些，我们还会流泪，我伟大的公公婆婆！我的母亲也是如此，父亲也是不会做饭，不会照顾自己的，父亲也一样不顾自己的生活，挑起我的儿子需要的物品，把母亲送上了往我家的车。

　　当时两个老母亲都有六七十岁了，本来带小孩是件十分辛苦的事，因为小孩子的事情多得想象不出来，何况是双胞胎。我只记得，所有到我家来看小孩的人，进门就开始帮我们做事，临走时他们还担心我们一家人忙得恐怕连饭都吃不上。但两位伟大的老母亲，凭着她们的勤劳和智慧，团结合作，抢着干活，并互相关心，相互体谅，把培育欢欢乐乐的琐事都处理得井井有条，邻居都感到不可思议。我的婆婆认为乐乐比较调皮好动，就主动承担带乐乐的差事；我的母亲则带欢欢，欢欢比较安静，所以，我的母亲则尽量多做家务。欢欢乐乐玩到一块时，两个老人就一个照看孩子，一个赶忙洗洗刷刷。我的母亲带小孩时，我的婆婆就洗尿片；我的母亲做饭时，婆婆就带小孩。现在说起来这些来好像很轻松，但想一想她们都是年过花甲的老人呀！一天下来，应该是累得连话都不想说了吧。有一段时间，不知是什么原因，欢欢乐乐两个孩子在很长的时间里生活不同步，晚上还总有一个不睡觉的。我们便采取值班制，几个人轮流陪同。我想到两位老人白天一人带一个很辛苦，还要做家务，便设法让老人多睡一点，可是她们却说我们白天上班也非常辛苦，反倒要我们多睡一些。真是可怜天下父母心呀！

　　那时，我们的家庭经济条件又非常差，住房很小，连两个老人睡觉的床都没有。即使有床，也没有放的地方。当时六七个人就住在单位一间20多平方米的房间里。两位老人每天晚上要搭铺，早上起来就拆掉，因为房间实在是太小了。即使这样，两位老人毫无怨言，每天还是乐呵呵的。

　　真得感谢我们的两位老母亲，在那艰苦的岁月里，不仅没有让我的儿子受一点点委屈，还用她们博深的情怀、善良的品质和勤劳的双手，深深地影响和教育着我的儿子。正是由于她们对儿子从小的点滴教育，才有了我儿子的今天。

儿子两岁半，上幼儿园了。两个老人却经常生起病来。事后，我反思：两个老人在带儿子的两年半时间里，居然都一次也没生过病，可见她们怀着多么巨大的责任心啊！

欢欢乐乐8岁那年，我的母亲去世时，欢欢乐乐一直拉着我母亲的手，舍不得松开。

我要跪谢我的母亲，告慰她的在天之灵：母亲，我没有辜负您对我以及对我儿子的教育，您在天堂安息吧！

我的婆婆还健在，现在已经90岁高龄了。我们虽然到深圳重新打拼，但坚持每年两次都带孩子回去看望她。孩子出国留学后每次回国，都会回到老家看他们的奶奶。我每次回去，都会陪婆婆一起睡，给婆婆洗澡，婆婆很开心。

我祝愿婆婆长命百岁！

　　母亲就经常指着他俩互相介绍，说："你们有兄弟两个，人家只有一个。如果是一元钱，人家是一个人花，你们要分开用，不能跟别人比。"

　　我们感觉儿子实在想要，就与儿子商量："那就一人买一样，回家后可以交换玩，每个人就可以玩两种玩具了。"

　　编织毛衣真是一举两得的事，编织过程不仅幸福着自己，更感染着儿子。

不忘母亲

　　母亲去世已经9年了。在这9年里，我一直深深想念着我的母亲。今天是我的生日，也是母亲的受难日，首先感谢母亲在42年前的今天把我带到这个世界上来！今天，我收拾自己的心情，回忆与母亲一起的岁月，以慰藉我的思念之心，怀念之情……

　　母亲太完美了，她集中华民族的传统美德于一身，吃苦耐劳、勤俭节约、乐观豁达……而且，母亲是个教育家，高级裁缝，老中医……

　　母亲是欢欢乐乐出生的第二天到我家的，那一年，她67岁。丈夫告诉我，他从医院照料完我，骑着自行车急急忙忙回家取东西，一上楼，惊呆了！我的母亲坐在门口，闭着眼，低着头，疲惫不堪，身旁却放着一担母鸡和鸡蛋，还有婴儿的浴盆和一个大包裹，说是给我坐月子吃的和我的儿子用的。真难想象老母亲是怎么挑着它们上车、下车、过街、上楼，一路来到我家的？要知道老母亲是一个上车就晕的花甲老人呀，为了她的女儿和外孙，她真是不顾自己的命了！严重晕车中的母亲，稍作休整，就去医院看我了，因为她知道我生产时非常危险，两个孩子毕竟重14斤多。她一路牵挂着她的女儿，担心着她的女儿。

母亲到来后，人生地不熟，却没有人照顾她，我很内疚。我是剖腹产，住在医院里，丈夫要照顾我，他还要上班（那时男的没有产假，况且正值他开"人大"会）。

我从产后的第三天就开始发高烧，而且医生又查不出是什么原因，这样在医院断断续续烧了一个月。欢欢乐乐则放在育婴室。到了第6天，母亲就做主把欢欢乐乐接回家，因为已经超过出院的时间了。可是我不能回家呀，怎么办？母亲的一句话就让我放心了："你们不都是我养大的吗？"接下来的一个月里，我真不知道母亲是怎么累过来的，因为我一直在医院，丈夫则奔波于家、医院、单位和菜场之间，两个婴儿的吃呀、喝呀、拉呀（那时没有纸尿裤）、洗呀、睡呀……全都靠她一人完成。我清楚记得，我的儿子满月那天，我还在医院里。我勤劳的母亲，在那一个月里，没有睡过一个安稳觉!

这样的艰难，整整持续一个月。直到第二个月，婆婆来了，我也出院了，情况才有所好转。

母亲一个字都不认识，但她本身就是一本书，她用她自己的言行影响和教育着我和我的儿子。

记得欢欢乐乐还很小的时候，可能是刚刚能听懂话，还不会说话时，母亲就经常指着他俩互相介绍，说："你们有兄弟两个，人家只有一个。如果是一元钱，人家是一个人花，你们要分开用，不能跟别人比。"可能是从小就受这样的教育吧，当欢欢乐乐稍长大一些，我们带他们逛商店时，他们看到自己非常想要的玩具，也只是看看而已，没有哭着闹着一定要买。营业员阿姨有时开玩笑说："使劲哭，爸爸妈妈就会买了。"他们会同时说："我们看一下就可以了。"有时，我们感觉儿子实在想要，就与儿子商量："那就一人买一样，回家后可以交换玩，每个人就可以玩两种玩具了。"（这是提高玩具的使用率，说白了就是节省，按现在的话说还是"绿色消费"呢。）儿子们似懂非懂地点头，嘴巴、眼睛都笑了起来，高兴地蹦跳着。欢欢乐乐长大后，有时我们叫他们去买东西，买完后剩下的钱会一分不少地交给我们。直到现在，他们还是这样，需要用钱的时候他们会适当地去用，还看性价比；不需要的时候，一分钱都不会乱花。这就是母亲"从小教育"的结果。

母亲心灵手巧，欢欢乐乐小时候穿的衣服、鞋子、棉鞋都是母亲用手一针一线缝起来的。记得有一次，欢欢乐乐幼儿园有一个活动，需要服装，在我跑了很多商店没有买到时，母亲说："你去买一些布料，我来做吧。"当天晚上，母亲用了大半夜的时间，就把他们需要的服装做好了。所以欢欢乐乐总是说："外婆是一个高级裁缝。"

母亲不仅亲自为我儿子做手工，还要求我给儿子织毛衣。两个儿子长这么大，穿的毛衣全是我一针一线编成的，而我养成了给儿子编织毛衣的习惯，自然编织技法也高超起来。编织毛衣真是一举两得的事，编织过程不仅幸福着自己，更感染着儿子。儿子看在眼里，穿在身上，感知了勤俭，感受着温暖。自己手工编织的毛衣也的确暖和，所以儿子们戏称我编织的毛衣为"温暖"牌。如果儿子穿过的毛衣没送人，现在堆起来真是一座小山呢。

母亲还是一个老中医，欢欢乐乐的一些小病小痛，她老人家会用一些偏方来解决。比如说，欢欢乐乐小时经常打嗝，母亲就叫我们去中药铺买回9个柿子的蒂，煮水给他们喝，立马见效；欢欢乐乐有时候肚子痛或者拉肚子，母亲就会煮一些马齿苋的水让他们喝；欢欢乐乐大便干结时，母亲就会煮一些丝瓜给他们吃。母亲总是说，小小偏方治大病。这些小偏方，不但让我们节约了很多的钱，还让我儿子减少了很多痛苦。我儿子正是因为小时候得到母亲的科学照料，所以身体素质好，才有今天的身材和身高。

母亲是一个平凡的人，她一生都在为她的儿女操劳。母亲长年吃斋，是为我们祈福，她就像一盏油灯，为儿女耗尽最后的一滴油。当2000年7月13日全国人民都在为申奥成功而欢呼时，我却在流泪，那时，母亲已经病危，但她还是非常清醒地一一交代后事。弥留之际还不忘拉着我的手，对我说："你的性格太急躁了……不利于孩子的成长……得改一改。生双胞胎是很不容易的……养育他们……更不容易。你的两个小孩都很聪明……你一定要耐心教育他们……千万不要随便发脾气……教育好孩子比什么都重要。"我的睿智的母亲，她是这样叮嘱我的，我永世都难忘！

2000年7月19日晚上8点30分，母亲走完了她平凡又伟大的一生！

抚育儿子，培养儿子，尽管辛苦，但真的是累并快乐着！是儿子给了我们幸福，是儿子给了我们快乐，是儿子给了我们成就；也是儿子给了我们焦虑，是儿子给了我们烦恼，是儿子给了我们痛苦；如今，还是儿子，给了我们眷念，给了我们寄托，给了我们希望，……

感谢儿子

送走乐乐北上求学后，两个儿子都不在身边，突然冷清了，我们突然感觉家里空荡荡的，现实告诉我们，空巢了！我们真是"默默无语两眼泪"。我终于知道，我所有的快乐，都来源于儿子。我在心底呼喊："儿子，妈妈谢谢你们！"

儿子小的时候，我们原来总在盼望：怀抱襁褓中的儿子，想——要是儿子会说话就好了；等儿子会说话了，又想——要是儿子能自己吃饭就好了；等儿子自己能吃饭了，还想——要是儿子读小学就好了……等儿子读完了高中，我们仍然在想——要是儿子去读大学了就好了。

儿子都在家里的时候，我总有一种渴望——什么时候可以清闲呀？转眼，清闲的日子真的到了，日子过得是真快呀！忆往昔，我和儿子在一起的点点滴滴，都历历在目。我跟他们手拉手上学的情景还在眼前，一手牵着一个，边走边说，多么温馨。看着两个小不点一点一点长大，渐渐地超过我。慢慢地，他们也不跟我牵手了，自己去上学了。最使我失落的是他们刚升入中学，好像一下子离我很远很远了。原来在小学时，儿子就在我的学校上学，每次发生一点点事情，我都会知道，每次考试是多少分，我也能马上掌握。一到中学，我就什么都不明白了，有时问他们，他们也不说，那时就觉得该怎么办呀，儿子会怎么样发展呀，尽瞎操心。可是儿子还是很顺利地读完了初中，我也没有帮上什么忙。后来就想开了，儿子长大了，他们有自己生活的方式，自己的空间，就让他们自己去发展吧，我做好后勤工作就行了。每天就想着买什么菜才是他们喜欢的，怎样做才好吃，很充实，很幸福。看着他们吃饭的样子，我打心眼里开心，觉得当皇帝也不过如此。有时做得不好吃的时候，乐乐还会发发脾气，我也生生气，挺好玩的。而欢欢从来对饭菜要求不高，反而让我不满足。

　　欢欢乐乐在家里的时候，我每次回到家，他们就会帮我开门，有时还会帮我把手里的东西接过去，接着就跟我聊一聊这一天发生的一些事情。可是今天，儿子真的离开我们读大学去了，我们是那么的惆怅，那么的思念，那么的无所适从……现在回到家，冷冷清清，以至于我都尽量拖延回家的时间。乐乐到北京上学有一个多月了，我和他爸爸在家只做过两次饭。每天晚餐，两个人，要么就在外面应付一下，要么就回家下面条吃，以往那种喧闹的场景没有了。原来觉得每天做饭很辛苦，有时还会埋怨几声。现在想来，真是身在福中不知福。

　　儿子给我带来的快乐是无限的。从出生的50厘米，长到现在的1.85米和1.91米，他们每长高1厘米，我的快乐就多一分，家里的门框上刻着他们成长的印记。最好笑的是，晒衣服或收衣服的时候，我半天弄不下来，他们一伸手就取下来了，还带着嘲笑的口吻说："妈妈你太矮了，多吃一点吧。"这些小事情，现在回想起来特别温馨。

抚育儿子，培养儿子，尽管辛苦，但真的是累并快乐着！是儿子给了我们幸福，是儿子给了我们快乐，是儿子给了我们成就；也是儿子给了我们焦虑，是儿子给了我们烦恼，是儿子给了我们痛苦；如今，还是儿子，给了我们眷念，给了我们寄托，给了我们希望……

感谢儿子！

必要时求助，是给别人一次心灵靠近的机会。

我这句为劝欢欢寻求帮助而临时蹦出来的话，激发了欢欢由具体的"助人"到树立"为乐"价值观的感悟，他说："一时'助人'，人人可以做到；但一直'为乐'才是一种境界，一种精神，一种品格。"

给心灵靠近的机会

欢欢来电话，说他的腰莫名其妙地痛了两个星期，我和他妈妈一下子紧张起来："看医生没有？"

"没有。"他知道我们会追问，紧接着解释，"开始有点疼，我没想去看，因为新加坡这边看病非常讲规则，小病一定在社区医疗点看；病重了才能上报到医院。我想到社区看还不如自己抹一点'法斯通'。现在痛厉害了，可我又动不了！"

我心急如焚地说："你不能找室友或同学帮忙吗？"儿子说不好意思麻烦别人。我抢嘴道："都什么时候了，还考虑这些。赶快找蓝主任（中国留学生监护人）或者同学帮忙，去看医生！"儿子见我口气硬，无奈地连声答应，便挂了电话。

我放下电话，忐忑不安，为儿子着急。心想：不行！还是要给蓝主任打个电话，请求帮助……

此时，有一种后悔又涌上心头：刚才独在异乡的儿子来电话也许是想找一点安慰的呀！可是我说话太坚决，太生硬！半小时后，我又回电话给欢欢。欢欢在电话那头说："蓝主任已作了安排，明天就去医院。"

我马上接荐："是啊，问题解决了吧，还解决得这么快！明天，你请同学帮忙，陪你到医院。

"不要怕麻烦别人。其实，当遇到自己没办法解决的问题时，可以寻求帮助。今天你有困难求助别人，明天别人就可以求助于你呀！今天别人帮助你，你便心存感激；明天你帮助了别人，别人也存一份感恩的心。这样，彼此友情不是更深厚了吗？记住，必要时求助，是给别人一次心灵靠近的机会。"

欢欢忍痛"表扬"我："老爸，你说的还是有点道理的哟。成，明天，我就麻烦同学了，请您和妈妈放心！"我听了很高兴，一是因为问题次日能得到解决；二是因为欢欢"认同"了我的观点，以后就会逐步"内化"为自觉行为。

没想到，我这句为劝欢欢寻求帮助而临时蹦出来的话，激发了他由具体的"助人"到树立"为乐"价值观的感悟。欢欢说："一时'助人'，人人可以做到；但一直'为乐'才是一种境界，一种精神，一种品格。"所以，后来的日子里，他常常帮助同学，比如，教不会熨衣服的同学熨衣服；给生病的同学煎鸡蛋做早点……乐此不疲。当然，他也经常享受同学的帮助。18岁那年，一人独自背包游美国，就有几个学长为他提供帮助，还有的专程开车陪他参观院校，陪他玩景点，送他到机场。

欢欢都心存感激。

"老师，这个问题您给孩子解答更合适。"

"要站在别人的角度解决自己的问题。"……我知道，儿子说的是别人的事，想的是自己的"理"了。

让孩子在任何时候都对父母有一种崇拜感，这并不是要父母去建什么丰功伟业的，所有的魅力来自于为人父母平时的言行举止！

"亲亲那位姐姐"

小学一年级的乐乐听到校园广播："昨天，我校学生兴高采烈地参加了秋游活动。""昨天，秋高气爽，我校2000多名学生，头戴小黄帽，身穿自己最喜欢的衣服，浩浩荡荡地来到逸趣园，开展秋游活动。一进逸趣园大门……"乐乐感觉这两段话重复了，但它又是从学校广播里传出来的，应该不会有问题呀。他去问语文老师，想知道结果。语文老师也不清楚，便谦和地对乐乐说："咦，你爸爸不是宣传部长吗？他肯定知道，回去问问你爸爸吧，我也很想知道这是怎么回事呢？"乐乐回到家问我。我得知事情原委，对乐乐说："我也不知道，让我查查吧。你的语文老师一定知道，她不告诉你就是想让你多想想，多问问。不信，你明天再去请教老师。"第二天，我让乐乐请教老师时捎封粘好的信给语文老师。乐乐到学校再次对语文老师说："我爸爸说他不太清楚。他说您一定知道。这是我爸爸给您的信。"当然，我在信中详细介绍了这是一种简单的新闻体，也叫"消息"，一般消息都由"导语""正文"等组成。"导语"就是概括性地叙述，让读者或听众首先了解消息的全貌……信的最后一句话是："老师，这个问题您给孩子解答更合适。"

诚然，我特别注意维护老师的威信，树立教师的良好形象，既帮助教师回答了孩子的提问，又不给孩子留下"老师不如我爸爸"的印象，从而避免孩子今后在接受老师教育时产生负效应。自那以后，我经常给欢欢乐乐的老师写书信，用温情，用赞赏，用宽容，融洽师生关系以及家长和学校的关系，有的老师很感动，还抽时间给我回信。因为我知道：在孩子心目中，如果教师的形象是无比高大的，那么，他接受这位老师的能力定然是顶尖的。孩子只有"亲其师"，才能"信其道"，教书育人的效果才会好，教师才会乐教，孩子也才会乐学。

其实，这种做法，我是从一篇《亲亲那位姐姐》中学到的。大意是：澳大利亚一个度假村。儿童们上完网球课后，工作人员一时疏忽，将一个小女孩忘了网球场。后来工作人员发现人数不对，赶紧去网球场把小女孩找了回来。小女孩因为一个人留在了偏远的网球场，感到很委屈，一直在哭，工作人员也一直在安慰他。孩子见到妈妈后，哭得更伤心了。这时，孩子的妈妈怎么做呢？是安慰孩子，还是责怪工作人员？只见那个妈妈蹲下来温和却又理性地拉着孩子的小手说："已经没事了，这个姐姐因为找不到你而非常紧张，并且十分难过。她不是故意的，现在你去亲亲那位姐姐，安慰她一下。"4岁的小女孩很快止住哭泣，亲了亲工作人员的脸颊，并且轻轻说："姐姐，不要害怕，没事了。"工作人员一时间喜极而泣。

好个睿智的母亲，我被感动了，被她的胸怀感动，被她的教育艺术感动。在这样的教育中长大的孩子，一定会有一颗宽容的心！我们做父母的，不要认为孩子还小就给予太多的呵护，不要认为孩子未成年就不需要负太多的责任。让孩子去帮助别人，让孩子去给予，给予会给孩子更多的力量，给予比接受更利于孩子的心理成长。

我翻身起床，把故事分别推荐给12岁的欢欢乐乐。两个儿子看后都说这事感人，这位妈妈伟大。两人还讲起前不久看的一则新闻来：一个家长冲进孩子的课堂，当着孩子和全班同学的面，把孩子的女老师暴打一顿，把老师打得流产了。只因为老师批评了他的孩子，说孩子没有面子了。欢欢乐乐在议论中直摇头："这样做，孩子的面子就挽回了吗？""我看，这孩子不必在这所学校呆了。""这个家长要是看到这篇文章，不知道如何想？""要站在别人的角度解决自己的问题。"……我知道，儿子说的是别人的事，想的是自己的"理"了。

看着儿子年幼，可说起话来那么深刻。我联想到平时总是遇到有家长请教我："我的孩子根本就不听我的话，我说什么他就偏不听。"我把这个难题抛给儿子："怎么办？"欢欢乐乐也直言不讳："你们大人都知道做孩子的榜样，身教重于言教，可很多时候说到做不到，所以在孩子面前没有建立威信。要知道威信就是无声的命令。"

随后，欢欢乐乐一起讲起他们在学校门口亲眼看见的事情来。

他们小学门口到了上学的时候，车子特别的多。当时有两辆汽车一前一后同时停在校门口，前面的一辆车有他们学校的小孩要下车，而后面那辆车上的小朋友要到前面一点的幼儿园门口下车。前面车的小学生可能是拿书包耽搁了一点时间，最多也不过5秒吧，但后面的那辆就好像等得不耐烦了一样，猛按汽车的喇叭。难道小朋友的爸爸不知道市区里是不准按喇叭的吗？何况是在学校门口，在小区里？最关键的是他的车上有他的孩子，一个在上幼儿园的小朋友。听到他不停地按喇叭，欢欢乐乐差点就准备敲开他的窗户告诉他了："请你有涵养一点，更不要在孩子的面前表现得这么不文明。你的时间真的就那么紧吗？5秒都不能等？你怎么给你的孩子做出榜样的？你想过没有，你的孩子以后遇到这样的事情他会怎么去处理？"这就是日常生活中的一些父母，平时总说他们怎样怎样教育他们的孩子，但真正遇到教育孩子的良好契机的时候，怎么忘记了自己的表现了呢？

是啊，欢欢乐乐都知道：父母才是孩子的第一任老师！我们的每一个细小的动作，都会有一双双天真无邪的眼睛在看着，这比你的空洞说教要重要得多。当孩子在学习的时候，我们是在看书还是在看电视？不要总抱怨孩子不听话。想孩子听父母的话，这就要求我们这些做父母的用自己的人格魅力来影响自己的孩子。让孩子在任何时候都对父母有一种崇拜感，这并不是要父母去建什么丰功伟业的，所有的魅力来自于为人父母平时的言行举止！

我也想起前不久发生在我身边的一件事情。我教的六年级的一个学生放学后，带领几个同学，到五年级的一个教室，把一个五年级同学的书包踩烂了，还把牛奶洒在这位同学的书包上。我的学生为什么要这样做呢？调查时，学生告诉我："我就是要这样做。前天的晚上，他（五年级那名同学）的妈妈带着他到我家餐馆吃饭的时候，吃完了不给钱，还说不好吃，并且打烂了我家的很多东西，他的妈妈怎么能这样做呢，我就是要报复他。"当然，我批评了我学生的这种做法，告诉他这样做是不对的，最后，他也承认了自己的错误。但他临出门时还在说："他的妈妈以后怎么教育他？"是啊，那位妈妈想过没有，以后怎么教育自己的孩子呢？父母是孩子的镜子呀，你怎么表演，你的孩子就怎么学的！

在这里，我想起了六尺巷的故事，清代（康熙年间）文华殿大学士兼礼部尚书张英老家的人与邻居吴家在宅基地问题上发生了争执，家人飞书京城，让张英打招呼"摆平"吴家。而张英回给家人的是一首打油诗"千里修书只为墙，让他三尺又何妨。万里长城今犹在，不见当年秦始皇。"家人见书，主动在争执线上退让了三尺，下垒建墙，而邻居吴氏也深受感动，退地三尺，建宅置院，于是两家的院墙之间有一条宽六尺的巷子。六尺巷由此而来。

中华五千年的文明源远流长。包容忍让、平等待人，作为一种美德，早就花开大地，我们古代就已倡导了。但现代人真正能做到的人并不是很多，尤其涉及自己切身利益的时候，置若罔闻。心胸宽广、放眼远处、恭谦礼让的人无论在何时都是受人尊敬的。

做父母的可以想一下，我们是想做一个备受欢迎的人，还是一个处处被防范的人？好多家长无形中都在教孩子小家子气，教孩子占便宜，教孩子怎样想办法超过别人，把别人踩在脚下。最后的结果是，孩子不明白在这个世界上怎样生存。父母给孩子什么教育，孩子未来就是什么样的人。

"亲亲那位姐姐！"好父母，好孩子！

第六章
用期待陪伴孩子

孩子的成长需要父母充满着期望地等待。一位妈妈削好两个香梨，准备分别递给孩子和孩子的外公，孩子却一手拿到一个，分别咬了一口。妈妈见此情景，怒吼孩子不知道孝敬长辈。孩子哭了，哭得很伤心。孩子解释说："我是想尝尝哪个梨子甜，甜的那个给外公吃。"

静待花开是父母的一种责任担当，是一种信念的坚守。让孩子勇于表达自己的独特想法应成为教育的追求，而不应片面追求答对、答得最标准、最合家长的意思。

孩子的灵智和欲求，常常发生在父母的不经意之时，稍纵即逝。父母要有一颗灵动的心，要有一双锐利的眼睛，要"于无声处"去谛听即将响起的惊雷。

陪伴孩子的心是宁静的，有这样的心，孩子的心才会静下来，因为孩子能感受到父母的能量，孩子会在父母的等待中看到信心、勇气和力量。

　　"像唐僧一样——可信；像孙悟空一样——可敬；像沙和尚一样——可亲；像猪八戒一样——可爱。"儿子在念念有词中进入了梦乡……

在《西游记》里找到的

　　欢欢乐乐8岁了，正值全国贯彻《中共中央国务院关于深化教育改革全面推进素质教育的决定》（中发［1999］9号）热潮。"素质教育"这个关键词瞬间深入人心。社会上一时兴起小孩学弹琴、练画画、习武术等风气，把"素质教育"窄化为"特长教育"。我想：实施素质教育，首先要清楚培养孩子哪些素质，比如，文明素养、学习能力、生活习惯……比如，培养孩子有思想、有目标，爱自己、爱他人，会交际、会合作，能容忍、能乐观，重细节、重习惯，讲诚信、讲责任……我也说不清，反正是培养孩子的综合素质。好在1993年联合国教科文组织成立了"国际21世纪教育委员会"，提出"学会求知、学会做事、学会做人、学会共处"，但感觉还是很抽象，小孩不可能明白。

　　教育，是熏陶，是训练，也是明理。因为"熏陶"和"训练"，对受教育者来说都是被动的过程，而受教育者"明理"后，教育过程就是主动的了，教育效果就会事半功倍。明理，也就是要让受教育者首先"认同"。怎样让小小的儿子认同素质，建构"综合素质"概念，以

"内化"自己的行为呢？我一直冥思苦想着……

　　一天晚上，和儿子一起看电视剧连续剧《西游记》。看完后，组织欢欢乐乐洗漱。俩儿洗口洗脸后，脱了袜子，刚将脚丫子放进脚盆里，乐乐突然问："爸爸，唐僧那么没用，他的三个徒弟为什么都愿意保护他呀？"乐乐总喜欢问问题。

　　我没有直接解答，而是把脸转向了欢欢："是哟，唐僧有什么值得帮的？"

　　"唐僧不怕困难，那么多的难，也没阻止他去西天取经。"欢欢脱口而出。

　　我表现出夸张的表情，竖起大拇指："对！唐僧去西天取经一直充满信心。"

　　乐乐见我表扬欢欢，也不甘示弱："唐僧很善良，一路上帮助人。心眼好，从来不害人。"

　　我使劲地点头："嗯，嗯！他对人很诚恳，不撒谎，任何人都信任他。"

　　"这种人可信。"我补充了一句。本来想说"这种人讲诚信"，但怕儿子不懂。

　　见儿子们兴致不减，我趁热打铁："《西游记》里四个人，你们最喜欢哪个？"

　　"孙悟空。"俩儿不约而同。

　　"孙悟空是个什么样的人？"

　　"孙悟空有本事。""孙悟空很聪明，武艺高，每次有难，大家第一个想到的是他。"俩儿抢着说。

"是啊，这样的人，可受人们敬重了。"我说，"因为他们创造世界，改变世界。"

"还有那个大胡子的，叫什么呀？"

"沙僧，沙和尚。"

"他满脸胡须，你们怕不怕？"

"不怕。他一点不凶，从来不发脾气。"乐乐说。

"他和蔼可亲。"欢欢用词很到位。

"咦，爸爸从你们的对话里，听到三个词了：唐僧——可信；孙悟空——可受人们敬重，简称'可敬'；沙僧——和蔼可亲。"我一时兴起，"你们太棒了！谢谢你们又让我学到几个词语！"

我突然发现洗脚水已经凉了，提醒儿子擦干脚，倒掉水，上床睡觉。

儿子边脱衣，我边问："刚才说唐僧、孙悟空和沙僧的是哪三个词？"

儿子和我一起回忆："唐僧——可信；孙悟空——可敬；沙僧——和蔼可亲。"

"干脆，沙僧——可亲。"乐乐插嘴。

"真好！可信、可敬、可亲，好记。"我再次竖起拇指。

"爸爸，还有一个猪八戒呢，他用一个什么词（概括）？"还是乐乐问题多。

"你们说呢？猪八戒很搞笑，逗人爱。"

"可爱。"安静了一会儿，欢欢大声说。

"对，猪八戒——可爱。"乐乐表示赞同欢欢的答案。

"我举双手同意，这个词很恰当。你们比爸爸强多了！猪八戒真的很可爱，总能让我们哈哈大笑，给人带来快乐。"

对话至此，我突然更加敬佩《西游记》的作者吴承恩。他生活困顿，可是一个奇才，是一位具有远见卓识的伟人！他创造的四大角色不正是社会发展的需求？不正是人才培养的目标？什么是一个人的综合素质？文明礼仪、思想品德、知识能力……说一千道一万，不过是《西游记》四大角色具备的"四可"：像唐僧一样"可信"——一言九鼎，讲诚信；像孙悟空一样"可敬"——才华横溢，有本领；像沙和尚一样"可亲"——平易近人，献温暖；像猪八戒一样"可爱"——悦目娱心，送快乐。这"四可"俱全，必成"大众情人"；而缺一不可，缺一"可"可怜，缺二"可"可悲，缺三"可"可恨，缺四"可"可怕。《西游记》不愧为中国古典四大名著之一，堪称世界文学瑰宝！

我一时兴起，得意地对儿子说："你们应该向《西游记》里的这四个人学习。"

"什么？向他们学习？"刚钻进被窝的俩儿一齐掀开被子，感觉很诡异。

"对！一辈子以'四可'为标准，对照检查自己。"我肯定地说，"还记得哪'四可'吗？"

"像唐僧一样——可信；像孙悟空一样——可敬；像沙和尚一样——可亲；像猪八戒一样——可爱。"儿子在念念有词中进入了梦乡……

"以后也是要这样说真话，不要说假话，是怎么想的就怎么说。"

从小说实话

欢欢乐乐3岁了。一天，我猛然发现刚换的新床单，中间被剪了几个大洞。我非常心疼，很生气，可就是没人承认。无奈中，我只有调整情绪：床单废了倒没什么，孩子更重要。床单上的洞只是一个信号，一种表象。床单上剪洞的背后一定藏有什么想法。我改口说："床单不可能自己破的，一定是谁剪的。谁剪的承认了就好，说明自己有勇气。"只见欢欢很快承认是他所为。我当时真想揍他一顿，但转念一想：我说话要算数。此时，不能采用暴力，只能循循善诱，顺着毛摸了。于是，我轻轻地问欢欢："你为什么要剪床单？"欢欢一点也不害怕，说："我今天不喜欢妈妈了，因为妈妈批评我了，我就把床单剪破了。"我说："妈妈批评你错了吗？"他说："错了。我没有向楼下丢东西，你说是我扔的。所以我不喜欢妈妈了。"

我一把抱住欢欢，向欢欢道歉，并表扬了他——"心里怎么想的就怎么告诉妈妈，不说假话，这种做法很好。以后也是要这样说真话，不要说假话，是怎么想的就怎么说。"我接着说，"但是，不喜欢妈妈可以直接告诉妈妈，剪床单是不对的，浪费了东西，拿剪刀也会把自己弄伤，以后不能再这样了。"

欢欢好像听懂了一样，轻轻地点点头。

欢欢乐乐读小学一年级的时候，周末的一天，他们到学校去玩，看到了他们的英语老师，乐乐那时读书很调皮，经常被老师批评，他看到了老师，有点不好意思，就躲了起来，没有想到欢欢自己叫了老师后，还大声地叫乐乐，让乐乐也给老师打招呼，搞得乐乐不知所措，被动地跟老师问好。事后，我们与欢欢沟通："你自己跟老师问好，就可以了，为什么还要叫乐乐问好？"欢欢说："不是你们跟我说的，看到老师就要问好的吗？乐乐看到老师不问好就是不对。"我肯定地说："你说得对，看到老师就是应该主动问好。"

长大后，欢欢说真话的习惯一直保持下来了，在初中的时候，有一天回家告诉我，说他今天给英语老师提了一个意见，他说英语老师发音不标准。我提醒欢欢："你怎么能这样，老师不高兴怎么办？"他说："他发音就是不标准，难道不能说吗？"我说："就是给老师提意见，也要注意方式方法。"他说："我很注意呀，我是私下一个人给他说的。"过不多久，这个老师不知是什么原因也换了。

直到现在，欢欢还是这样的，看到什么不正确的，不管哪里，不管是什么样的人，他都会用比较合适的方法告诉对方。他是一定要说出来的，以提醒相关的人。他认为，有的人不提醒，是真没有注意到问题的所在。

它不仅传递着亲情，更重要的让儿子知道我们做父母的在关注着他们。

"关注"

朋友一起聊天，得知我的双胞胎儿子都入读深圳中学，追问我培养孩子的"经验"。我一时不知如何回答，实在难以推却，便说了一个词——关注。

"关注？"

见朋友一脸狐疑，我便给朋友讲起这么一个人来。

乐乐读初中时，要参加一个数学竞赛，有段时间的晚上需进行训练，每周一次。为了减少乐乐路途劳顿，我和妻子有时开车去学校接他（与其说接儿子，不如说陪妻练习开车）。但每次一到目的地，就看见面前停着一辆"大奔"。一看"大奔"车主的长相，就知道他是广东人，脖子上还戴着粗粗的金链。因为每次相遇，不免寒暄起来。原来他是乐乐班里一位男性同学的父亲，做生意的，也是来接儿子的。他家十年前就已经拥有四辆私家车了。我们惊叹："你真会赚钱！"也惊讶："你家这么有钱，儿子学习还那么优秀！"哪想到他的话很朴素："钱再多，也是要读书的。"当得知从他家坐公交车到学校也只两站路时，我们又惊诧："这么近，你还坚持来接孩子？再说，你做生意又忙，完全可以让司机来接呀！"他笑了笑，说："我不仅坚持每周接这一次，还坚持每天早上送儿子上学，不管前一天晚上应酬回家多晚。我完全可以让孩子坐公交车，甚至打的，但我这样做，应该说是给孩子传递一种亲情！"

我和妻子都感动了，准确地说，是受到了启发。我立马联想到了美国心理学家亚伯拉罕·马斯洛提出的"需求层次理论（Maslow's hierarchy of needs）"。该理论将需求分为五种，像阶梯一样从低到高，按层次逐级递升，分别为：生理上的需求、安全上的需求、情感和归属的需求、尊重的需求、自我实现的需求。这位同学的家长就是在贯彻"马斯洛需要层次理论"中的关怀和爱的需要！

于是，我也坚持每天早上送儿子上学，妻子尽管早上上班时间要晚一些，可以多睡一会，但每天也坚持早起，送儿子出门。表面上看来没有这个必要，但我们认为，它不仅传递着亲情，更重要的让儿子知道我们做父母的在关注着他们。类似这样的"关注"，生活中还有很多。比如，乐乐在习作里曾这样写道："一天，我把考砸了的试卷递到爸爸手里，就等着爸爸暴风骤雨般地骂我。可是，爸爸那天看过试卷之后，并没有说什么，只是慢慢地转身，坐在沙发上，说了一句'错题订正了，很好，也要订正在心里'，爸爸好像是说给他自己听的。爸爸轻描淡写的一个动作、轻言细语的一句话，反倒让我感觉自己似乎是全家的中心，我高兴，爸妈也就会高兴；我沮丧，爸妈也一块着急。"

可见，"关注"也许是激励孩子们健康成长的一股隐形力量吧！

以下是我们总结的几个关注孩子学习的小窍门：

1. 让孩子每天在相同的场所、相同的时间用功。不善意打搅孩子学习。

2. 书写能力是学力的指标之一。让孩子从现在开始用笔记录生活。

3. 做作业在书房，如果玩，到客厅。不在书房批评孩子，书房应该是快乐的场所。

4. 让孩子自己发现错误，别把自己培养成找"错别字"的机器。

5. 督促孩子赶快做，不如让他自己决定时限。

6. 问话要有一点创意，少说或不问"作业做完没有""学习怎么样"等话语。

7. 给孩子创造轻松的生活环境，和孩子一起制造快乐。

8. 读书的孩子——"坏"不了，别一句"自己看书"了事。

9. 多用"我感觉"等商量口吻，少用"你该"等命令句型。

10. 与其责备孩子某科成绩不好，不如引导他总结学习成绩好的科目的学习方法。

11. 当孩子不想做功课时，说："你去玩玩吧！"反而会使孩子感到不安。

12. 做作业的时间不宜过长。孩子做功课无法集中注意力时，让孩子试着用嘴巴念出内容。

13. 让孩子小步走，经常展示学习成果，并学以致用，让孩子获得成功体验。

14. 让孩子公开学习目标。用近期的学习目标来激励孩子。

15. 亲身体验才是最深刻的（活动中学）。养成大声朗诵的习惯（习得）。大胆与学友在争吵中探讨（表达式学习）。

我坚定地对欢欢说："以后有什么事，你可以随时打电话给我们，因为我们是你的爸爸妈妈！是你的坚强后盾。"

等待

16岁的欢欢去新加坡读书近两年了。一般情况下，我们彼此间坚持每周通一次电话。除非急事，都是欢欢打电话回家，因为那边打电话回来便宜。

欢欢每次打电话回家，都是"报喜不报忧"。我也总是催促说："好了，没事就不说了，电话要钱！"欢欢似乎欲言又止，便一声"那就bye，bye"。

3月14日晚，又是一个周末，欢欢照例打电话回来，仍然是聊一些生活琐事，我仍然是回应他要科学安排学习时间，要始终把身体和学习放在重要位置。欢欢仍然是停顿半晌，我感觉没什么话题，仍然是那句"逐客令"："好了，没事就不说了……"尚未说完，欢欢这次不是"bye，bye"，而是冒了一句："今天好烦！"

我心一颤："怎么了？"

又是半晌停顿，我生怕欢欢说"bye，bye"，连声说："怎么了？遇到什么烦心事了？"电话那头还是不见声响。妻子接过电话，和蔼地说："欢欢，我们知道你一个人在外，很不容易。遇到困难，自己扛着；碰到烦心事，却没处说。来，跟妈妈说说今天发生了什么事？"欢欢这才打开话匣。原来，欢欢和四个同学一起，组建了一个飞机模型制作团队，准备参加新加坡学生飞机模型比赛。他们团队5人分了工，有人筹集经费，有人制作海报宣传，欢儿则自告奋勇地承担了主要"工程"——飞机模型的设计制作。经过十几天的努力，欢欢终于完成了任务。马上面临比赛了，团队里其他成员围绕欢儿的作品，七嘴八舌地提了不少意见。欢欢心里不舒服：他们又没动手，不应该"指手画脚"。

我了解事情的来龙去脉后，首先让欢欢回答了一个问题：甲写的文章，尚未发表，给乙公开演讲了，问此文著作权归谁？欢儿毫不犹豫地回答归甲。我说依照著作权法规定应该归乙。欢欢果然恼怒起来："我靠！"

我"王顾左右而言他"地类比，故意把欢欢的非理性情绪激发到极点，产生一种心理落差，让他感觉自己目前的烦恼简直小菜一碟。然后，慢慢疏导。

电话那头沉默了一会儿，我能感觉欢欢的呼吸，问："你今天对团队里提意见的伙伴表现出了不良情绪没有？"欢欢说："那倒没有。我只是在你们面前发泄一下。"我赞许了欢欢理智，做得好。我接着说："世上很多事情是不公平的，像刚才说的著作权问题，于理不容，但受法律保护。单说你们团队的事情，我有一点意见：他们虽未参与飞机模型设计制作，但因分工不同，各自都做了努力。正因为他们是团队一分子，所以有义务提意见，提意见的出发点是好的，目的与你是一致的，都是想精益求精，都是为了比赛的成功。"欢欢说："这个，我知道。"

　　"我就知道我的儿子很优秀，一点就通。"我开玩笑地说，"既然知道，接下来，你好好想想他们提的意见是否合理，你根据他们的意见去修改着试试，行，就听；不行，就跟他们解释。"欢欢听后说："好吧。"

　　"老爸还有一句话想说。既然是比赛，必然就有赢和输的问题。赢了，团队成员都很开心，都会替你高兴，都会对你心存感激，因为他们知道你的功劳最大。当然，这份感激，有的人会表现出来，有的人可能不爱表露而已。输了，团队成员也会跟你一样失落，这个时候，你应该对他们说一句'不好意思，没能让你们体验到成功的快乐'。"

　　欢欢听了我的意见，愉快地说："谢谢爸爸，我知道了。"他还是照例让我先挂了电话。

　　几天后，欢欢又打了电话来。这次，我们聊了45分钟。我先倾听，再适当进行辅导。果然，欢欢心中确有一些不顺心的事，庆幸的是他能分析原因，能换个角度，利用"同理心"等方法从这些烦恼中走出来！比如，他以前一心想做学校乐团首席，现在不仅没坐在首席，还被调至后排。欢欢分析可能是最近精力都投入到飞机模型制作上了，甚至放弃了几次乐团训练机会，所以……

　　在结束通话前，我坚定地对欢欢说："以后有什么事，你可以随时打电话给我们，因为我们是你的爸爸妈妈！是你的坚强后盾。"

作为家长，我们应该培养孩子处事不惊的品质和面对困难的积极心态。人的一生就是在不断地遇到困难，我们只有正视困难，才会想方设法克服困难，解决问题，才会不断提高能力。我们要学会等待，慢一点。让孩子自己体验，自己感受，自己感悟，在慢慢成长中逐步走向成功。

幸福取决于心态
——让孩子积极暗示自己

在新加坡待了3天，要回国了，候机时间看什么呢？欢欢毫不犹豫地从书架上取出《佐贺的超级阿嬷》。并且说这是一本好书，是继《窗边的小豆豆》后日本的又一本超三百万的畅销书，而且是黑柳彻子亲自推介的。

在儿子一再催促下，我早早就来到了新加坡国际机场，一页页读着，跟着超级可爱的阿嬷一起欢笑，看着那些触及心灵的细节落泪。

佐贺的超级阿嬷真是一个超级乐观、超级坚强又超级有创意的老太太。虽然生活拮据但乐天知命，总有神奇而层出不穷的生活绝招和奇思妙想，让家里也随时洋溢着笑声与温暖。

她会用木头挡住小河里漂流来的上游蔬菜市场的剩菜和歪瓜劣

果，而且戏称是自家的"超市"。"那些弯曲的小黄瓜切成丝腌着一样好吃。"可有的时候，木棒什么也没拦到，她就遗憾地说："今天超市休息吗？""这个超市唯一的缺点啊就是今天想吃的不一定能吃到，哈哈！"阿嬷出去做清洁工，回来的路上都要在腰上系上一条草绳，上面装有磁铁，把沿途回家一路吸附在上面的大铁片、小铁丝扔进竹筐里收好。"这些废铁都可以卖不少钱呢，如果光是呆呆的走路那多可惜啊！"读着阿嬷的这些话语，我暗自佩服她的智慧、豁达。

这不正是美国著名心理学家艾利斯的ABC理论的实践吗？该理论认为，人是理性的，也是非理性的。当一个人持理性的观念去看事物时，就会对事情作出适当的反应，从而获得快乐和成功；若是以非理性的观念看问题，则会产生情绪的困扰，导致失败的行为。

我与欢欢乐乐一起就读过我国这样一个古老的故事：一位奶奶有两个儿子，大儿子是卖雨伞的，小儿子是开染坊的。每到晴天，奶奶就想：今天大儿子的雨伞卖不出去了；每到雨天，奶奶就想：小儿子的染坊没生意做了。天天这样想，奶奶天天不快乐。如果奶奶反过来想：晴天里，小儿子的染坊生意好了；雨天里，大儿子的雨伞好卖了。奶奶自然开心每一天。因此说：只要换一种想法，就会换一种心情。凡事从好处想，就会永远保持理性情绪。

诚然，道理很简单，说起来容易，做起来就难喽！就像我们的孩子，我们晓之以理了，但真正几个做到按"理"行动的？举一个简单的例子：我们没有忘记教会孩子防火自救知识和方法，学校里也经常进行防火演习，可一旦真的失火了，孩子还会自救吗？同理，大千世界，总会有令孩子心情不好的时候。假如孩子遇到了不顺，能真正换一种理性的心态吗？

全区隆重举行中小学生田径运动会开幕式，9岁的欢欢乐乐参加了500人的团体操表演《茁壮成长迎未来》。

整个表演很精彩。但"美中不足"的是出场不久，前排正中央面对主席台处的乐乐，高举着紫色花环，不知什么原因，左手边的金黄色带拖在地上了。尽管只有那么一小段，但在第一排，足以引起观众注目了。

因为金黄色带拖在地上，随着队形的不断变换，随时都有被自己或者队友踩住的可能。更糟的是此时全场如果由紫色变换为金黄色时，乐乐肯定是没办法的，直接影响后面的演出效果。坐在观众席上的我真想跑上去帮乐乐解围。

乐乐自然非常惊恐，全然不知所措，连做的动作，都显得很机械了。远远地，我都能看清他面露难色，眉头紧锁，甚至连头上的帽子也丢落在地上。我此时无心观看演出，为乐乐担心。

正在我为乐乐捏一把汗之时，发现他在左顾右盼，似乎在找什么。果然，趁着全体蹲下去放下花环动作之机，左手悄悄地在收拾那段金黄色带。可是表演动作要求他和队友又马上站起来并举起花环。好在接着又有下蹲放下花环的机会，乐乐再次立马收拾起来，就这样，反复几次，乐乐已经将金黄色带收拾了四分之一了。但后面的动作还在改变，队形也在变换。不过，我仔细端详乐乐，此时的他面容已经平和多了。终于，有一个机会，是较长时间蹲下来放下花环。只见乐乐迅速熟练地收拢了全部金黄色带，当他和同伴们再次站起来时，全场已顺利由紫色瞬间变成了金黄色，整个会场爆发出雷鸣般的掌声，好像是专门献给乐乐的。我更在心底对乐乐说："表演因你更精彩！"

回家的路上，我一直想着以上美妙情景，问乐乐怎么做到的。乐乐的回答却非常很简单："爸爸不是早就告诉我们凡事从好处想吗？当时出现情况后，我一直在想怎么补救。"

作为家长，我们应该培养孩子处事不惊的品质和面对困难的积极心态。人的一生就是在不断地遇到困难，我们只有正视困难，才会想方设法克服困难，解决问题，才会不断提高能力。我们要学会等待，慢一点。让孩子自己体验，自己感受，自己感悟，在慢慢成长中逐步走向成功。这也是我理解的一种孩子"健康"成长。

其实，这也是一种暗示孩子的方法。我们要始终让孩子积极暗示自己。暗示，是指在无对抗的条件下，用含蓄、抽象诱导的间接方法对人的心理和行为产生影响，从而诱导人按照一定的方式去行动或接受一定的意见，使其思想、行为与暗示者期望的目标相符合。正如：艺术作品比应用文更具魅力，在于其主题和情感的委婉含蓄。"回眸一笑百媚生"，正因为"回眸一笑"的心理暗示作用。"暗示"可以分为"积极暗示"（曹操的"望梅止渴"）和"消极暗示"（赵本山的小品《卖拐》）。积极的暗示能促进孩子的健康成长，培养良好的性格和心态；消极的暗示是孩子心灵的腐蚀剂，让孩子情绪低落，产生自卑和自弃心理。

我们不论何时何处，总会有意无意地"积极暗示"欢欢乐乐，使用某些有特定意味的语言、动作、表情、眼神等交流信息，暗示对他们的信任、提示与鼓励。经常采用以下几种简要的暗示教育方法：

1. 借着第三者传达父母的担心给孩子，让孩子消除不满，调节情绪。

2. 不当着别人的面，数落自己孩子的缺点，应该借第三者之口赞美孩子。

3. 他人当面赞美自己的孩子时，坦然地加以接受，不替孩子谦虚，更忌指出孩子的其他不足。

4. 坦然陈述自己的失败教训，放低自己，再进入主题，孩子较能接受劝诫。

5. 让孩子做不太喜欢的事情时，可以说："你的好朋友也做……"并及时给予评价，以提高孩子意愿。

6. 对于孩子的不平不满，不全面否定，先肯定一部分，以拉近心理距离。

7. 对孩子提出的"朋友都有"的理论，以"也有人没有"对应。

8. 孩子处于害怕的低潮期，化小目标，解决简单的问题，以解除其心理上的劣势。

9. 发现和夸张地赞美孩子的意想不到，孩子会自我扩大而变得活泼有创意。

10. 避免孩子只注意"做不到的部分"，引导孩子留意"做到的部分"。

第七章
用书信启迪孩子

《傅雷家书》，我们都不陌生。当儿子在学习中遇到困难时，傅雷在书信中告诉儿子在学习时要注意哪些问题，当儿子到了该谈婚论嫁的年龄时，傅雷又及时把自己的人生经验告诉他。可能看过这本书的人都会被那位称职、细致的好父亲所感动，也许还会想：要是自己有这样一位父亲，那该多好啊！

书信是人与人之间交流的重要方式，也是彼此沟通的艺术手段，所以有"鸿雁传情"的诗意说法，所以有《傅雷家书》。

适当地用书信和孩子沟通，父母可以有充分的思考时间，可以平心静气、思路清晰、条理完整地表达自己的思想。用书信和孩子沟通，也给孩子一种平等交流的感觉。

用书信沟通，魅力独特。也可以刷新书信形式，比如手机短信、E-mail、微博、微信等，让孩子在其乐融融的家庭环境中快乐地、智慧地幸福成长。

　　数学是在理解的基础上"做"出来的。语文要多读多写，多读书不仅提升素养，还能积累语言；多写才会有写的，越写才会越会写，不要怕动笔！英语还有上升的余地，要在"听、说"这两方面下功夫！

写给乐乐

儿子：

　　我想对你说几句话。

　　一、关于我对你的"打"

　　相信你已看了毕淑敏的《孩子，我为什么打你？》这篇文章，妈妈是流着泪看完的，妈妈的文笔没有她那么好，但是妈妈与她是有同感的。同样，我打你也是感觉到在所有苦口婆心都宣告失败，在所有的夸奖、批评、恐吓都无所建树之后，我才动用了"打"的。只是为了让你记住你的缺点，让你以后不再重犯！

　　每一次打你后，我都会大哭一场，难过很多天，你以为妈妈愿意这样的吗？

　　儿子，在打你之后，我也曾多次下决心：这是最后一次打他了，一定一定……可由于种种原因，这"最后"一次都没有成为"最后"。儿子，我不想你成为一棵在小山岗里的被人遗忘的那些不成材的小树，妈妈希望你长成参天大树！妈妈认为，你的一些不良习惯，会是你成长的致命弱点，不能让它们在你的大脑里滋生，要把它们彻底消灭。妈妈打你很少是因为你的学习成绩，而是你的为人处事方面。妈妈怕你一步步走远，到时你我后悔，都为时已晚。现在，你已步入中学，对事情有了自己的看法和见解，但是妈妈在这里也要提醒你：儿子，不管在什么时候，什么情况下，都要有明辨是非的能力。

看了你的作文，我又一次流泪了，既然你对妈妈的"打"有那么多的反感，那你真正理解了"打"的背后吗？你在每一次经历了"打"之后，你真正地去思索了吗？你有了什么结论吗？为什么会有那么多次的"打"呢？

看过毕淑敏的文章后，我触动了，她在文章的末尾说决心不再打她的孩子了。儿子，妈妈也决定不再打你了，因为你已经长大，懂得很多道理了。她说毫不懂得道理的婴孩和已经很懂道理的成人，都是不需打的，因为打是没用的。现在我认为，打，对你也是没用的，因为你已是懂道理的人了。但是儿子，你要永远记住，打你也是爱你的一种表现，现在决定不再打你，更是爱你，你懂吗？

二、关于期中考试

在你的艰苦努力下，在你的顽强拼搏下，你出乎我们意料地考入了深圳中学初中超常班，我们为你骄傲，自豪！你是一个聪明、好学、努力、向上的孩子！

进了中学，各方面都有了很大的变化，需要你不断去适应，这也是对你的更大考验。是雄鹰，它就要翱翔在广袤的天穹，哪怕风吹雨打。孩子，我愿你是雄鹰，无论何时何地，妈妈会一直支持你，关注你的，你大胆地去拼搏吧！

你们班的同学，可以说是全市小学毕业生中的精英，他们都是通过层层的选拔，脱颖而出的，每个人都是每所学校的第一、二名，在这样的班集体中，你感到有压力，这是很正常的，有压力才有动力！

对期中考试的成绩，我感到比较满意（除数学外）。为什么这样说呢？我是这样认为的，你是努力了的，只要你尽力地学，取得成绩好坏，也就问心无愧了。但是，还可以更深地想一下，是否可以把成绩再提高一些？学习上是否做到了"认真"？如果认真了，方法上是否可以再改进一下？

我在这里想跟你多谈一下数学，数学是非常重要的一门学科，它就像一个人身上的骨头，想象一下，人没有骨头，还能站立吗？

从老师那里拿到你的试卷和分析表后，我仔细分析了一下你丢分的情况，大致可以这样概括一下：在能力方面，我不担心的，你有学好数学的能力，难题基本上全对，这也是我比较欣慰的。但在基础上，你必须下功夫。不要认为这是一件小事。高楼大厦是由一砖一瓦盖成的。大堤大坝也是由每一粒土垒就的。如果一砖一瓦中存在隐患，高楼大厦也是会倒塌的。千万不要认为难的都会，简单的只是"粗心大意"而已。从这个"粗心大意"中，你想到了什么？是概念上模糊不清，还是理解上出现了偏差？从前面的客观题中，我还是看出了你概念上有很多模糊不清的情况，举个例子吧：在选择题第14、第16题中，"绝对值"是什么，你完全明白了吗？有很多次作业，我也发现你对"绝对值"的概念比较模糊，越是这样，就越要找这方面的题多做，一直到弄懂为止。

判断题的第20题，这里有几个知识点：（1）什么是平角。（2）什么是周角。（3）角的大小与什么有关。（4）关于线段的中点。这些知识点你是否都弄明白了。（1）平角不是一条直线。因为角都是有顶点的，一条直线上哪有顶点呢？（2）周角也是如此，它也不能说是一条射线，它是一条射线绕着端点旋转了一周的，它应该是一个圆的。这些知识都是小学里学的，在小学里你弄明白了吗？对概念的理解要全方位地去想，尤其是一些特殊情况，这比做几道计算题还难，因此，你在概念上还应下苦功夫！

计算题里也可以看出你概念上不清楚的情况，第二题里面就有去括号的知识，括号前面是"－"的话，括号去掉后怎样变号。你认为自己都会了，但是为什么错了呢。我分析了一下：因为你做题时过程是乱的，也就是说，没有把过程一步步写出来，以至于检查时还不知道自己错在哪一步，所以第一题老师也故意要扣你的分，为的就是让你写出每一步，养成良好的习惯，在检查时也能发现自己的错误。儿子，你知道了老师的用心良苦吗？希望你能从这两道题中吸取教训！

在学习数学中，要先理解，然后就是"做"。你们的数学饶老师有一句话说得好：数学是"做"出来的。我还想加几个字：数学是在理解的基础上"做"出来的。

对其他几门功课，我比较满意，语文要多读多写，多读书不仅提升素养，还能积累语言；多写才会有写的，越写才会越会写，不要怕动笔！英语还有上升的余地，要在"听、说"这两方面下功夫！

期中考试六科排名第24名，语英数三科第28名，数英两科是30名。我相信这只是暂时的，你一定会奋勇前进的，还记得在小学毕业时

你的英语是怎样一直向前追的吗？我相信你，我的儿子是好样的！妈妈
会在各方面做你的坚强后盾的！

妈妈
2003年11月16日

她每打我一次就会痛哭一场，并下决心再也不打我了。当我读到这儿时，泪水情不自禁地多了起来，一眨眼，它们就掉在了纸上。

读妈妈的信

我含着泪读完了妈妈的信。

妈妈告诉我，她打我几乎没有是为了学习而打的。我也觉得是这样，妈妈打我多半都是因为我的劣行，她不愿让我误入歧途，一次又一次地把我引入正轨。

妈妈还告诉我：她每打我一次就会痛哭一场，并下决心再也不打我了。当我读到这儿时，泪水情不自禁地多了起来，一眨眼，它们就掉在了纸上。

接着，妈妈又谈论起了我的期中成绩。妈妈说除数学之外她都满意，我知道她在骗我，这次期中考试我觉得总体都考得不好，我知道妈妈在为我打气，并觉得非常惭愧：我有一个这么好的妈妈，还有什么理由不好好学习、认真地考试呢？

妈妈最后告诫我：学数学一定不要"粗心、马虎"，一定要弄清基本概念，一定要理解等。而这些问题是我前进道路上的绊脚石，妈妈和我都希望把这些绊脚石尽快搬走，好让我轻松前进。

想到这儿，泪水又涌了上来……是呀，妈妈已经为我操碎了心。我也已经长大了，应该为妈妈着想，更应该勇往直前，以取得好的成绩，来让妈妈高高兴兴的。

妈妈还希望我像六年级期末时那样用功。我还记得，有一天，学校的老师着急地告诉妈妈，我在学校学习一般，尤其英语有待提高。妈妈知道后并没有骂我，也没有打我，只是说："我相信你会努力的！"然后，帮我仔细分析各科前前后后的学习状况，并帮我做好解决的方案和方法。我妈妈很有耐心，当时，我的泪水因为温暖的母爱而激动地冲上了眼眶。心想：一定要学好呀！不能辜负妈妈的期望！从那时起，我就奋力地学。我知道，我考入深圳中学超常班，刚就读初一两个月，妈妈感觉我有点飘飘然，患得患失，才及时提笔给我写这封信的，要不，妈妈怎么叫我要像六年级那样用功呢？

这封信，很具体，很深刻，很动情，一针见血。

谢谢妈妈！

乐乐

2003年11月17日

人们所表现出来的情绪和行为的根源，是受观念支配的。对同样的一件事，看法不同，感觉和反应就不同。

致欢欢

欢欢：

思量了再三，还是与你说几句。

首先感谢你对我和妈妈的信任，遇到烦心事，能打电话向我们倾诉，这很好！当然更多的时候，非理性情绪是靠自我调节的。方法有很多，比如，像上面向亲人或者好朋友倾诉，还有转移注意，干自己高兴的事，独自适当发泄，等等。最重要的是冷静地换个角度想想。美国心理学家艾利斯认为，当一个人持理性观念去看待事物时，就会对事物作出适当的反应，从而获得快乐和成功；如果这个人以非理性观念去看问题，则会产生焦急、沮丧、嫉妒等消极情绪。也就是说，人们所表现出来的情绪和行为的根源，是受观念支配的。对同样的一件事，看法不同，感觉和反应就不同。生活中，经常遇到类似这样的事情：甲、乙、丙三人正在一起做游戏，甲却突然破坏了游戏规则，致使游戏不能进行。乙想：甲可能一不小心忘记了游戏规则；而丙想：甲是故意捣乱，从中取乐。由于乙和丙对甲的行为抱有不同的看法，导致两人在情绪和行为上的分歧。乙觉得这没有什么，继续和甲一起做游戏，而丙可能恼羞成怒，不仅不和甲继续做游戏，还决定从此不和甲来往。对同样的一个人，同样的事情，乙、丙两人产生的情绪和行为却大相径庭。所以，你要学会凡事从好处想，培养自我调节情绪的能力。

尽管你已成年有主见，但作为父亲，有义务再次提醒你注意有关学习的几点要求。

话从你最近3次非正常时间（一般是周末）打电话说起。你在电话里分别讲了三件事：请爸爸欣赏你在马来西亚拍的胶卷照片、因为同学没坚持风洞试验而生气、告知单元考试成绩的不理想。我和妈妈听了之后都"武断"地认为你还是没把学习摆在首位，至少行动上没把学习放在首位。所以，请你注意以下三点：

1. 要有目标。我已经建议你写一个有关学习的计划、方案，以及莱佛士毕业后的去向和以后的发展目标，并提醒你发到我的邮箱。可到现在，我还是尚未收到只言片语。要知道，只有明确了目标，你才会以目标为准绳，判断哪些事该做哪些不该做，哪些早做哪些晚做，哪些简单对付哪些认真努力；只有确立了目标，你才会产生学习内驱力。

2. 要有行动。学习必须要付诸实际行动，而且要勤奋努力。不能光知道学习的重要，干着急，而不肯下苦功，不要感觉学习的事还可以拖一拖，要抓住当下的点滴时间。谁都知道学习比起一些活动来真是太枯燥了。你一定要把重点转移到学习上来，再苦再累再枯燥，也只有一年时间了。沉下心来，从现在开始，有时间就记单词，多读书看报，多做练习题，学习过程就是一个知识积少成多的过程。

3. 要有恒心。你是一个很有毅力的人，我都不如你。希望你把这种优势发挥到学习之中。少参加活动。我承认，活动也是一种学习方式，但不少活动与你实现近期目标挂不上钩。我还是建议你，今年把 SAT考完，考出一个理想成绩，明年全力以赴考好A水准。这样，既能步步为营，又能集中火力各个击破。

另外，还有三件事：①巧妙地保持良好的人际关系，包括师生和同学的关系。与他们多接触，虚心请教，真诚赞赏，多说一些赞美别人的话。只要有利于目标达成的事，你就大胆地去做，这不是势利。②这次给你的钱比以前稍多一点，主要是考虑你学业的需要，专款专用，呵呵。③今年11月放假，看能否根据你的发展需要，与同学相约，选择美国或者英国等发达国去看看，一是为以后签证方便，二是感受发达国家的先进，三是考察未来的大学。

太啰唆了，就此搁笔吧。

祝你自主健康成长！

老爸

2010年7月19日

最后，告诉你，网线并没有被拔掉！

网线上的信任

乐乐：

昨天晚上，我一告诉你我把网线拔掉了，那一瞬间，你就流着泪，调转身，进房间，锁上门……我知道你百感交集：早就计划趁这几天放假，好痛痛快快上几天网，聊天、下载、玩游戏，甚至……一下子都成为泡影。我想你接下来一定很难平静心情：爸爸怎么这样不信任我呢？我已经是一名高中生了！我知道怎么安排自己的学习和生活的！我也知道如何计划我的人生的……爸爸做得太过分了……

其实，拔掉网线，对于一个即将步入16岁的少年来说，可能是一种武断的行为。因为16岁是明理的年龄，是承担社会责任的年龄，一旦犯错，再也不是罚其监护人，而受罚的是本人。

但是，老爸拔掉网线，也不无道理，至少有两点理由：一是合理的"武断"措施可以适当采取。这次财政部突然提高印花税，不就是为了打压泡沫股市吗？为什么全国股民没有起来造反？为什么社会还很稳定？因为大家都知道，这种"武断"是为了让股市更健康地发展。二是你的性格、你的爱好和一些不健康的猎奇，有时影响了你的自制力。应该说，爸爸妈妈对你和哥哥的教育方法还是比较人性的，并没有过多的管制，尽量让你们自己调节，在和谐中长大。但是，就多次要求你学习时关门但不锁门这件事，你一直没能做到。我们再三说明，我们有事找你一定先敲门，并得到你允许才进入你房间。可你为什么总是要锁门呢？除了怕我们影响你学习，我想一定还有别的原因吧（我们不得不这样联想或质疑）。我是过来人，请原谅我以小人之心度君子之腹。无形中，你锁门的举动让我们对你产生不信任感。这也是你的心虚、不自信的表现。试想一下，假如是哥哥独自一人休息在家，我会拔掉网线吗？

你的时间宝贵，我不赘述了。

希望我们之间互相信任起来！

最后，告诉你，网线并没有被拔掉！

老爸

2008年6月6日凌晨

持续有为才能继续有味，持续有味才能不断有位。

不要只顾埋头拉车，还要抬头看路。一定要有思想：远大的思想就是理想；眼前的思想就是主见。

重新出发　再接再厉
——写给分别出征莱佛士的欢欢和北京大学的乐乐

欢欢：

今天，你将搭乘国际航班出征新加坡莱佛士书院度过中学生涯。热烈祝贺！

我们家族，你是第一个乘坐国际航班的。我们感觉一切很陌生，很稀奇。毕竟你才15岁，毕竟第一次出国，内心免不了牵挂，但我们真的很放心，对你充满信心！

回望你以前从幼儿园一直到初中走过的路，我们引以为自豪。你从小脱胎于中国传统学习方式，不走"读死书，死读书，读书死"的平坦道路，偏偏个性十足，独辟蹊径，探索荆棘丛生的灌木林。如今，你考上新加坡莱佛士书院，获得全额奖学金，连来往机票也给报销，我们更因此骄傲。

然而，你现在面临的是人生关键阶段，更何况，独居异国他乡，一定会遇到更多困难。所以，我们为你提出一句口号：重新出发，再接再厉。

所谓重新出发，就是要以归零的心态，"刷新"自己，从头再来，不要念念不忘以前的成绩，不要躺在过去的功劳簿上睡大觉，也不要在过去的"辉煌"里顾影自怜，那些已经成为历史，只是你进步的一个个阶梯而已。一个人持续有为才能继续有味，持续有味才能不断有位。

如何做好持续有为呢？记住：出汗，出彩，不出格，就一定有出路。

所谓出汗，就是要沉得住气，扎扎实实地上好每一堂课，勤勤恳恳地做好每一道题，认认真真地考好每一次试，高高兴兴地读好每一本书。特别要积极主动地学习，要时时处处给自己压力。这种由任务驱动的学习应该是新加坡教育区别于中国教育之所在，也是一个人真正成才之所在。

多参加体育锻炼，多参加社团活动，多参加志愿实践，这些都是自我成长的平台。可以磨炼意志，可以增进友谊，可以培养性情，可以有益于他人。不要无意中虚度了时光，也不要好高骛远，认为一些事情不值得做而不想做。总之，做中学，做中练，做中感悟。

所谓出彩，学习、做事要有效果，要取得成果，这是自我展示的舞台。光出汗，只能说有苦劳，更应有功劳，也就是说要有佳绩，这才验证自己的努力是值得的，努力的方向是正确的，努力的方法是科学的。你不能习惯于在安静的角落里默默无闻地把学习做得有条不紊，要有收获，要讲究学习方法，解题的思路是不是更佳？学习的效率是不是更高？实践活动是不是做得更出色？有了成效，有了成果，就会再接再厉，步步为营。

所谓出格，作为社会的人，作为集体中的一员，尤其同龄伙伴之间，与他人的言行尽可能保持一致，要有公德之心，有公民意识。责任，理解，宽容，环保，是十分必要的。行出于众，人必毁之。社会上有的人总是想"办法"游离于规则之外，就一定会遭到"法办"。

总之，重新出发，再接再厉。既出汗，且出彩，不出格，就一定有出路；如不出汗，不出彩，却出格，就一定会出局。

哈哈，今天的话题有点严重，你不要过于警觉。因为感觉白天顿悟的几句话有点哲理，晚上不知道干什么，就坐下来跟你聊几句。我们共勉！

接下来，休闲一下，讲个故事你听听。

故事的题目叫《胡萝卜·鸡蛋·咖啡豆》，作者是英国的约翰·怀克斯曼（李福秀编译），故事是这样的：

一个女儿对父亲抱怨她的生活，抱怨事事都那么艰难。她不知该如何应付生活，想要自暴自弃了。她已厌倦抗争和奋斗，好像一个问题刚解决，新的问题就又出现了。

她的父亲是位厨师，他把她带进厨房。他先往三只锅里倒入一些水，然后把它们放在旺火上烧。不久锅里的水烧开了。他往一只锅里放些胡萝卜，第二只锅里放一只鸡蛋，最后一只锅里放入碾成粉末状的咖啡豆。他将它们浸入开水中煮，一句话也没有说。

女儿咂咂嘴，不耐烦地等待着，纳闷父亲在做什么。大约20分钟后，他把火关了，把胡萝卜捞出来放入一个碗内，把鸡蛋捞出来放入另一个碗内，然后又把咖啡舀到一个杯子里。做完这些后，他才转过身问女儿："亲爱的，你看见什么了？""胡萝卜、鸡蛋、咖啡。"女儿回答。

父亲让女儿靠近些并让女儿用手摸摸胡萝卜。女儿摸了摸，注意到它们变软了。父亲又让女儿拿一个鸡蛋并打破它。将壳剥掉后，她看到了是个煮熟的鸡蛋。最后，他让她喝了咖啡。品尝到香浓的咖啡，女儿笑了。女儿怯声地问道："父亲，这意味着什么？"

父亲解释说，这三样东西面临同样的逆境——煮沸的开水，但其反应各不相同。胡萝卜入锅之前是强壮的，结实的，毫不示弱，但进入开水之后，它变软了，变弱了；鸡蛋原来是易碎的，它薄薄的外壳保护着它呈液体的内脏，但是经开水一煮，它的内脏变硬了；而粉状咖啡豆则很独特，进入沸水之后，它们反而改变了水。

"哪个是你呢？"父亲问女儿，"当逆境找上门来时，你该如何反应？你是胡萝卜，是鸡蛋，还是咖啡豆？"

逆境——人生往往无法回避的一种体验，而每个人在逆境中所表现出来的潜质是不一样的。有的人就像胡萝卜一样，退缩，甚至一蹶不振；有的人像生鸡蛋一样，内心变得更加坚强；而有的人在逆境中以此为动力，以意志、智慧，奋力战胜困难，去改变环境，赢得命运的青睐，让自己像咖啡豆一样融入环境，并去改变自己，适应环境，甚至改变环境。因此，面对逆境，人的态度决定行为，而行为决定一切。

故事讲完了，占用了你宝贵时间，就此搁笔。

祝安！

爸爸妈妈

2007年11月1日

乐乐：

首先祝贺你梦想成真，成为一名光荣而神圣的北大学子！

当你打开这封信时，或许你正无聊，或许正烦躁。因为此时，生活上和学习上所有事情一股脑向你扑来，你可能一眼茫然，不知所措；更加上离开父母，难免有点想念。怎么办？一是坚信一切都会过去的，困难都是暂时的，扛过这段时间就好了。二是步步为营，各个击破。一个困难一个困难去解决，一件事情一件事情去做好，沉下心，深呼吸，莫烦躁。我们相信曾经经历过风雨的你不可能像胡萝卜一样懦弱，而会像鸡蛋一样做人，还会像咖啡一样做事。

自从你和哥哥一起来到人世，我们一直因你们幸福，因你们自豪。回想你从幼儿园到小学，到初中，再到高中走过的路，我们惊叹不已：你一次又一次克服困难，一次又一次面对挫折，但你一次又一次创造奇迹。我们惊喜不断。

现在你背起行囊，北上求学，意味着从此你真正离开父母，独自成人。在这人生关键阶段，我们为你提出一句口号：重新出发，再接再厉。

我们给你五条建议：

一是提高身体素质。我们把它作为首条提出来，你应该明白其重要性，没有身体就没有一切，强壮的体魄还能让人自信。你要保证按时吃饭，不仅吃饱，还要吃好。营养身体，靠你自己。另外，要积极参加体育活动，坚持每天至少一小时身体锻炼（这已是非常吝啬的一点时间），把打篮球作为运动的突破口，不要面子，粗野、蛮横地去打；把做俯卧撑作为健身的起点（当然，你的健身知识一定比我们丰富，怎么健身，你自己做主）。总之，锻炼身体，关键是持之以恒，它同时培养意志品质和不服输的拼搏精神以及人际交往艺术。

二是保持勤奋。你很聪明，也很勤奋。这才是你被保送北京大学的法宝。到了北京大学，一样要沉得住气，认真对待每一门学科、每一次作业、每一次考试、每一本书、每一件事和每一个细节。特别要主动学习，自主学习，合作学习，探究学习。大学学习全靠自己。这一点是大学区别于高中之所在，也是一个人真正成才之所在。

三是一定要有思想：远大的思想就是理想；眼前的思想就是主见。人生要有远景规划，凡事要有独立的思考。美国思科公司总裁约翰钱伯斯指出："现代竞争已不是大鱼吃小鱼，而是快的吃慢的。"谁能抢先一步获得信息，抢先一步做出应对，谁就捷足先登。比尔·盖茨也说："掌握未来的趋势是更重要的！"以后从什么方向发展？以致如何确定专业？选修哪些课程（北大深圳校友会会长厉伟说学好外语、数学和西方经济学三门课和旁听别的院系讲座都是经验之谈）？等等。你要广泛收集信息和处理运用信息，早做准备。不要只顾埋头拉车，还要抬头看路。

四是要踊跃参加社团，多实践，多活动。因为大学不仅仅是科学文化知识学习的殿堂，更是社会实践锻炼的大熔炉，它培养出来的是要为社会创造财富的人才，而不是书呆子。参加社团活动多了，组织力、领导力、影响力、应变力和处理事情的能力就会得到提高。一个人要想成功，一定要培养自己的影响力，只有影响力大的人才可以成为最强者。参加社团活动是培养影响力的途径之一。

五是要写好字。不要认为现在电脑普及了，写字不多，好像字写得好坏不重要。其实，字是一个人素质的表象，什么样的人写什么样的字，什么样的字反映什么样的人。俗话说"字是门楼书是屋"就是这个意思。现在不是所有单位招工时，都要求应征者必须上交本人手写履历材料吗？暑假里，我们建议你学习写字，你执意不肯。看来，你现在长大成人，不能强迫你，只有你自己出丑了，栽跟头了，可能才醒悟写好字的必要。还不知道你到北京大学后，教授、同学看到你的字，怎样看你？人家不会说出来的（因为人际交往只会表达赞美之词，不会说出对方的薄弱之处）。

关于写字，多说了几句，可能多少对你有点打击。话说回来，字是可以写好的（注意，我没用"练"字而是"写"字，我们认为光"练"不"写"，只是形式，脱离实际，浪费时间；而平时"写"中"练"字，才是秘诀，"写"是最终目的，又不特意花练字时间）。我们感觉你小学写的字还可以，后来可能因为忙于做题，随笔涂鸦，养成随便写字的不良习惯了。当然，写好字非一日之功，它也是一种意志品质的锻炼过程，还是修身养性的熏陶机会。只要你每写一个字前，想想它的间架结构，想想每一笔画的写法，写得落落大方即可。只要你每一次做笔记、做作业、做旁注、做文章、做试题……都有"练"字的意识，你的字自然就不知不觉地"写"好了。一举多得，何乐不为？不信，如果你这样做了，每隔三个月，你把眼前的字与三个月前写的比较，你就会有成就感的。

最后，衷心祝福乐儿健康发展，早日成人、成才！

爸爸妈妈

2009年9月1日

你们的眼睛还要学会看见"看不见"的东西。什么是看不见的东西？就如面前这丰盛的酒菜你们是看得见的，而妈妈在厨房辛苦了一上午弄好酒菜，却是你们没看见的。

给儿子们17周岁生日

儿子们：

今天是你们的生日，祝你们生日快乐！

虽然今天你们一个在国外发愤读书，一个在国内准备高考，但爱你们的老爸老妈早就在心底祝福你们了！

我们老家有"做生望生"的习俗，也就是庆祝生日一般是虚岁。今天，你们满17周岁，过完这个生日，你们就步入了18岁的行列了，也就意味着你们成了真正的男子汉。我们以后就该改口称"欢欢乐乐"为"小伙子"了。

小伙子们，今天是你们17岁生日。17年来，感谢你们的成长过程给我们带来五味人生的经历。为此，我们把上海著名教育家吕型伟的话作为特别的生日礼物送给小伙子们。

"为什么每个人都有两只眼睛，两只耳朵，而嘴巴只有一张？"吕型伟老先生说得是那么形象，"就是要我们看问题从正反面看，好话坏话都要听，而嘴巴不能乱说，要动脑筋分析后再说。"

　　小伙子们，你们即将成年，渐渐可以品一点美酒了，属于你们的社会责任都是你们自己背负了，意味着我们的监护人责任也逐步褪去。

　　来吧，干了这杯酒，这杯敬你们的嘴巴！今后，生活中有美酒也有苦酒，你们都要勇敢去面对，去承受。喝了这杯酒后，你们的嘴巴所说的每句话，别人都当真了，因为别人是把你们当成人了。你们要信守诺言，做个有诚信的人。你们所说的话，希望尽量能带给别人愉快，而不是牢骚和抱怨，牢骚和抱怨只是逃避现实的借口，不是积极的人生态度。对待任何事，要经过脑袋过滤后，才发表意见，不要信口开河，人云亦云。思考了，才一分为二；思考多了，才不断成长。

　　来吧，干了这杯酒，这杯敬你们的耳朵！你们都有两只耳朵，一边听好听的话，一边听难听的话。今后，当你们听到好听的话时要掌握分寸，不要自己飘起来。当你们听到难听的话时，请不要跳起来。好话坏话都请你们冷静面对，好话是否真实？坏话是否属实？请思量自己是不是真的有欠缺？干了这一杯，希望你们能泰然接受好话坏话。

　　来吧，干了这杯酒，这杯敬你们的眼睛！眼睛是用来看人看事的。看人和看事既要看正面也要看反面，这样才全面，你们的眼睛才不会被蒙蔽。因为事物的存在都是矛盾对立的，有利于事物向前发展。比如，人们对一个案件的审判结果本来就预知的，但为什么法庭审判时还要有原告律师和被告律师进行辩护呢？因为事情越辩越清，道理越辩越明。再比如，宫廷里既有忠臣，也有奸臣。难道皇帝是瞎子？为什么皇帝不清除奸臣？皇帝就是想在忠臣和奸臣的斗争中明辨事理，作出判断，从而管理好国家。当然，智慧的皇帝是不会让奸臣当道的。"兼听则明，偏信则暗"就是这个道理。

　　另外，你们的眼睛还要学会看见"看不见"的东西。什么是看不见的东西？就如面前这丰盛的酒菜你们是看得见的，而妈妈在厨房辛苦了一上午弄好酒菜，却是你们没看见的；就如别人的成功、荣誉和财富，这是我们一下子就看得见的，而别人的奋斗、汗水、努力，却是你看不见的。何况，并不是每滴汗水都有收获。但是没有付出汗水，那就绝对没有收获。有时，付出汗水，即使没有收获也无悔，因为得到了锻炼，成长了自己。所以，请你们学会用汗水换取收获，明白"看不见"的道理。

　　来吧，干了这杯酒，这杯敬你的"心"！你们要有孝心，父母、长辈在你的成长过程中倾注了无数的心血，你们应该孝敬。你们要有责任心，你们将来的角色肯定会多起来，家庭责任、社会责任都不轻，你们都要尽心尽力去做好。你们要有爱心，爱别人，别人才会爱你们；付出了爱，才有爱的回报。

　　来吧，干了这杯酒，预示着你们长大了……

　　小伙子们，今天，我们为你们骄傲。你们的健康，阳光，帅气，文雅，善良，勤奋……我们都由衷地欢喜。你们知道吗，有多少人常常在我们面前羡慕、夸奖你们呀！希望你们再接再厉，朝着既定目标奋斗！冲啊！

老爸老妈

2009年2月26日

这个世界永远比你梦境中的那个世界逊色，只有在不服输的信念支持下，你才有勇气去面对困难，面对挫折。

儿子，你一定行！
——写给即将参加高考的乐乐

儿子：

距离高考只有短短的9天了，写出以下几行字，证明一下我们在关注你，呵呵。学习之余，看着玩，权当消遣。

我们真的非常非常的钦佩你，在这种负重的状况下，虽然有时也遇到一点心情烦躁和一些暂时的失利，但你都能一直在奋勇前行，凭借着良好的抗挫能力、反思能力和调控能力，取得了一个又一个的成功。正如你的人生观：这个世界永远比你梦境中的那个世界逊色，只有在不服输的信念支持下，你才有勇气去面对困难，面对挫折。

我们特别欣赏你有一种积极的心态，不管何时何地，你总是那么阳光。即使高考——人生第一个最大的考验，你都是微笑而勇敢地面对。其实，积极的心态也是一种心理暗示。"这个世界没有任何人能够改变你，只有你能改变自己；也没有任何人能够打败你，除了你自己。"拿破仑·希尔在研究成功人士多年以后，终于得出了一个结论："积极的心态是成功人士共有的一个简单的秘密。"成功的人有积极的心态，即PMA（Positive Mental Attitude）。积极的心态在心理上产生积极的心理暗示，这种积极的心理暗示将助你取得最后的成功！

你不是说你每次升学总是躲过了大考吗？此言差矣。深圳中学初中超常班不是你自己考上的吗？虽然初中保送直升本校高中，但进入竞赛班也不是你自己考上的？如今被保送北京大学了，还是你经过坚苦卓绝的奋斗考取的呀！再说，自从我们共同制订了"争取北大线，一定转专业"的高考目标后，你一直在把它视为一座明亮的灯塔，奋力接近，接近……创造了一个又一个惊喜。所以，我们非常欣赏李宁公司的广告语："一切皆有可能！"

话也说回来，前面几次考试躲过了，相信这次是你证明自己实力的时候了。连南京大学招办工作人员都感慨地对老爸说："你儿子能把高考视为学习成果的一次检验，视为人生一大体验，可见他真有志气！"(南京大学录取乐乐后，同时要求他不参加高考，而乐乐坚持参加高考。)

儿子，你在追求理想的漫漫征途中，在向书山奋力的攀登中，会遇到千难万险，但当知识的甘泉潺潺地流进你的心灵之时，我们想你一定会被激起思考的涟漪和智慧的浪花，知识一定会为你插上一双飞翔的翅膀，帮你飞跃艰难险阻。那时，你一定能够体验到"会当凌绝顶，一览众山小"的成功之感……

最后，预祝你金榜题名，心想事成！

儿子，你一定行！

爸爸妈妈

2009年5月29日

十八年前的回忆

欢欢乐乐：

首先祝福你们生日快乐！

此时，你们一个在新加坡，一个在北京大学，我只能遥祝你们了！没有实在的形式，反倒让我情不自禁地回忆起十八年前的今天。

十八年前的今天，一对可爱的小天使在下午3点32分和33分相继降临了人间。从此，我便有了你们，更添欢乐！

你们的出生创造了奇迹，两个人体重共有14斤1两。由于我的肚子太大，怕出生时危险，就提前住院，可是你们两个小东西好像舍不得妈妈的肚子，一直待到预产期那天才有动静。记得当天早上8点钟进的产房（那时男的没有产假，你们的爸爸正赶上人大、政协"两会"召开，去上班了），医生就鼓励我自己生产，可是一直到了中午12点，还是没有能完成任务，而我觉得已经完全没有力气了。于是我向医生要求剖腹产，医生也答应了。但是要等到下午才能进行手术，我只好继续一个人在产房里孤独地难受地等待。

等待过程的痛苦就不用说了，这些现在完全忘记了。终于等到安排的手术了，先要做好手术的准备。我被推进手术室，麻醉后，我还是很清醒的，知道第一个孩子（现在知道是欢欢）拿出来，医生告诉我是一个男孩，我还从无影灯中看到了你，可是马上就昏迷了，第二个孩子（也就是乐乐）拿出来我就一点都不知道了，再醒来就是缝完最后一针了。于是我就有了欢欢乐乐你们两个宝贝!

　　一晃十八年过去了，你们在家人的悉心照顾下，成长起来了。今天是你们的生日，我祝愿你们身体健康，欢乐开怀!

妈妈

2010年2月26日

第八章
用惩罚唤醒孩子

我们早就知道这么一个案例：有一个12岁的美国少年，踢足球，把别人家玻璃踢碎了。孩子的爸爸说："你既然把人家的玻璃打碎了，你得赔人家玻璃。"小孩说他没有钱。孩子的爸爸接着说："我可以借给你，一年后挣钱还我。"孩子借了爸爸钱之后赔了玻璃，后来用了大半年的时间在课外坚持擦皮鞋、卖报纸，把这笔钱给挣回来。孩子长大之后，成了一个很了不起的人物，他就是原美国总统里根。

这是一个典型的"惩罚教育"案例。里根的爸爸正是通过对孩子的惩罚，让里根懂得了什么叫责任，那就是一个人要对他的过失负责。

当然，惩罚不是体罚。惩罚也要有味道，也要有情味（比如检查作业时，说成看看哪里做得好）、趣味（让孩子乐于接受）、韵味（点到为止），体现人文关怀和民主精神，不能伤及孩子幼小的心灵。

这里的惩罚还包括父母的自我惩罚。

孩子爸爸说："现在不行啊，没看见爸爸在修理你们摔坏的坦克吗？"我明白，这是他们的爸爸用委婉的方式惩罚两个孩子，让他们知道，自己惹的祸自己要承担责任。

把不良习惯消灭在萌芽状态

欢欢乐乐1岁多的时候，特别"调皮"。

突然发现，欢欢哭闹时爱在地上打滚。长大后的欢欢有点不好意思地回想着说："看到邻居家的小朋友找大人强要东西未果后，哭闹时会在地下打滚，最后都得逞了。我当时也是学着他们做的。"我清晰地记得这么一次，欢欢要一个什么东西，我一时没有达到他的要求，他就哧溜一声倒在地上，边哭边打起滚来。我感觉苗头不对，决定立即武力制止这种不良行为。我一把扯起欢欢，欢欢当时震了一下。趁这一瞬间，我告诉他（那时他不会说话，但能听懂话）："哭可以，但不能在地上滚。如果在地上滚，我见一次会打你一次，东西还不给你。"他好像听懂了一样。不敢打滚了，但哭声不止。我便采取冷处理的方式对待他，随他哭。后来怕影响到邻居，我干脆一把把欢欢抱到楼下一个比较开阔而安静的地方，让他继续哭，直到他哭够。也许他自己害羞（哭声引起路人关注），也许生怕妈妈不要他了，也许感觉哭声换不来东西。渐渐地，哭声由大变小，直至最后跟我说："妈妈，我想回家。"果然，从那天起，欢欢以后很少哭闹了，即使有哭时，但都不会在地上打滚。

乐乐1岁多的时候，动手能力比较强，都可以自己穿衣服鞋子了。对什么都好奇，家里的东西能拆的就拆，拆了后又装，装了又拆，玩得很高兴。可是有一次他看见了火柴，要玩火柴。我说："火柴不能玩，会有危险。"当然，"初生牛犊不怕虎"，他怎么都不相信，也不知道危险是什么。那时他也会擦火柴了。怎么办？我狠下心，把火柴划着，靠近他的手，用火烧他的手，他知道痛，就记住不能玩火柴了。

因为有两个小孩，那时家里经济条件很差，孩子的玩具真是少得可怜。除非是比较便宜的玩具比如玩具手枪，就一人买一个。稍微贵一点的玩具偶尔买回一个，就会你争我抢。孩子3岁的时候，我买了一个玩具坦克回家，让欢欢乐乐一起玩。没想到，我转身去厨房做饭不久，就听到两个孩子哭了起来。原来两个孩子为了争抢玩坦克打了起来，玩具也摔碎了。我赶忙把他们拉扯开。欢欢边哭边告状："乐乐不给我玩。"乐乐也很伤心："我说好了的，我先玩，再给哥哥玩。"

一般情况下，两兄弟间，基本都是乐乐做主，欢欢很少跟乐乐计较，尤其在吃的方面。两兄弟相处很和谐的，能相互帮助。有一次，在幼儿园里，有个小朋友趁欢欢蹲着上厕所时，欺负欢欢，乐乐见了，马上上去制止，把那个小朋友用力推到一边，并警告他。

这次，可能欢欢实在想玩坦克，所以兄弟俩互不相让。可能因为两个孩子都受了委屈，也可能是他们看到心爱的玩具被摔坏的缘故，两个儿子都哭得很伤心，此时此景，我也心碎了，自责起来：为什么这么节约？干吗不给一个孩子买一个？我一手抱住一个孩子，把他们搂在怀里，也哭了起来，哭得伤心失意。

孩子见我也哭，反倒止住了哭声，劝起我来："妈妈，别哭。"我很感动，拿出纸巾边给两个孩子擦干眼泪，边说："坦克摔坏了没事，等会爸爸回来了给你们修好。"乐乐还在抽搐："要是修不好怎么办？"我说："会修好的。"

我看两个孩子平静下来，耐心地对他们说："你们是亲兄弟，以后再不要争抢玩具了，更不能打架。两个人都想玩一种玩具时，可以一起玩，可以互相帮忙；也可以一个人玩，另一个看，然后交换玩；还可以互相商量着来玩。"

过一会儿，孩子的爸爸回来了。听说刚才发生的事后，马上蹲下来和孩子一起修理玩具坦克，看着他们三个脑袋凑在一起的画面，感觉好温馨。我悄悄退到厨房接着做饭了。耳旁还不时听到他们父子三人的对话。欢欢说："爸爸，坦克为什么一下子就摔坏了呢？"乐乐马上接嘴："因为它是用塑料做的。"孩子爸爸说："所以，你们兄弟要爱惜玩具。"可能修了好长时间还没修好。欢欢突然又说："爸爸，你不是答应我们，回来就抱我们玩飞机俯冲的吗？"欢欢乐乐最喜欢他爸爸托着他们，他们则伸开两臂，伸直两腿，玩飞机飞行的游戏。孩子爸爸说："现在不行啊，没看见爸爸在修理你们摔坏的坦克吗？"我明白，这是他们的爸爸用委婉的方式惩罚两个孩子，让他们知道，自己惹的祸自己要承担责任。

再后来，在我们家里，在楼下球场上，就经常出现欢欢乐乐一起玩同一种玩具的情景。比如，兄弟俩玩手推车，一个坐一个推；他们骑单车，一个骑，一个就在后面坐，很亲密……

　　两个孩子同玩一种玩具，这样既可以节省开支，也可以培养孩子在玩中学会合作和礼让等文明。渐渐地，兄弟俩养成了沟通商榷的习惯，很少产生争抢的矛盾行为，很少打架。这种好习惯，一直延续到长大。兄弟俩在任何时候，有什么事总是商量着来做。

我连忙收拾好粉笔，牵着儿子的手，返回学校，征得校长同意。

　　这时我也会自责：我真的就那么忙吗？真的就不能等到绿灯亮了再走吗？

　　欢欢马上就把我拉到后面去了，说："还不是要等到一起进去的，前面和后面有什么区别，不要跟他们争了。"

儿子教会了我

　　儿子教会了我很多很多。记得他们两岁多的时候，我从学校里拿了一些粉笔回家让他们涂鸦，欢欢拿到粉笔后，认真地问我："你拿粉笔回家，告诉校长了吗？"我听后很是汗颜。两岁多的小朋友知道拿别人的东西要告诉人家，我快30岁了竟然不知道。我连忙收拾好粉笔，牵着儿子的手，返回学校，征得校长同意。

　　我这个人性子比较急，做事情风风火火。有时过马路等不及红灯，要是看到没有车，就会冲过马路。可是跟儿子一起的时候，如果这样过马路，他们就会毫不客气，一点不留余地把我拉回来，还会狠狠地批评我一顿。这时我也会自责：我真的就那么忙吗？真的就不能等到绿灯亮了再走吗？

　　跟10岁的欢欢一起去听音乐会，因为塞车，我们迟到了，要等到一个乐章演奏完，我们才能进去。我们规矩地在外面排队，这时来了一群听音乐会的人，按理他们也要按顺序排队，可是他们不但不想排队，还想冲进去，在被保安拦截后，一下子就站到我们的前面去了，我正想与他们论理，欢欢马上就把我拉到后面去了，说："还不是要等到一起进去的，前面和后面有什么区别，不要跟他们争了。"欢欢那份坦然，那份优雅，那份恬静，顿时令我无话可说。

乐乐现在身高191厘米，我想要是穿上一些名牌衣服，那小伙子还不帅呆了，酷毙了，所以我总想给他买衣服。可他没有穿名牌的思想，每次还不准我给他买，总是说穿校服就很好，买的T恤从来不会超过100元，还说："很好，很好！"每次都让我很感动。儿子是我的榜样，我经常还想穿名牌呢！

一天，同事与我聊天时，问到我读高中的儿子是怎么安排学习时间的。因为她儿子到了高中后，学习任务加重了很多，时间上就有点应付不过来了。我跟她介绍了乐乐学习时长期坚持的做法：每天早上（或者是前一天的晚上）就把一天要做的事情写在一个便签本上，1，2，3，4，5……要做的事情一目了然。到了晚上，完成了一项就在那一项上打一个钩，没有完成的就画上一个叉，对自己一天的学习来一个小结。长期坚持，效果就出来了。其实，这件事情看起来很容易，但6年间，每天都这样，是不是就不那么容易了呢？换着我，怎么也坚持不下来！

说到坚持，还有一件事情颇让我感慨。读初中的欢欢一直很注意锻炼身体，哪怕面临中考，也不落下一天。每天晚上，他学习到了规定的时间后，就开始健身。他先做150个下蹲起，再做100个俯卧撑，还要做100个仰卧起坐，天天如此。他的身材真的是很棒！他爸爸的身材不是很好。欢欢建议他爸爸每天做俯卧撑，每天几组，每组几下。他爸爸坚持了3天，就没有再做了。相比之下，儿子是不是我们的榜样？！

首先采取强制的手段让孩子接受道理，孩子在漫漫成长过程中再用这样的观念审视自己，衡量自己，在实践中慢慢产生认同感后，便会逐渐内化为自觉行为。

"跟别人在一起的时候，多替别人想想，人家有什么要你帮助的？你可以帮别人做什么？开始时候没有这种习惯，没关系。尽量这样想，这样做，你慢慢就习惯了。"

强制—认同—内化

天色逐渐暗了下来。

欢欢和乐乐相继远行上大学去了，晚饭后，空巢中的我和妻子一起下楼散步。突然，前面一位老太太"哎哟"一声摔在地上，我们赶忙迎上去搀扶着老人慢慢起来，问她伤了没有，老人感觉还好，没什么大碍，说是地面不平，没看见，踩空了。这时，在前面独自行走的少年也转身回到老人面前。妻子问少年："这位老人是你什么人？""奶奶……"少年尚未答完，妻子忍不住吼道："这里光线这么暗，怎么不知道搀着奶奶行走？一点爱心都没有！"少年自知内疚，乖乖地牵着奶奶的手继续前行。

见祖孙俩走远，我责备妻子："那小孩又不是你什么人，你干吗要骂他！"妻子振振有词："小孩是要教的！"我明白，妻子在采取

"强制—认同—内化"的教育策略，即，首先采取强制的手段让孩子接受道理，孩子在漫漫成长过程中再用这样的观念审视自己，衡量自己，在实践中慢慢产生认同感后，便会逐渐内化为自觉行为。

她原来就是这样训练欢欢的。

欢欢8岁那年，我们刚调来深圳工作，我住在单位，妻子则带欢欢乐乐住在她的学校，比较累。有一天，做完一天的事情后，妻子精疲力倦，无缘无故地生气了，给孩子做好饭，就想出去走走，但没有跟两个孩子说。过了大约一个小时，妻子稍微消气了，慢悠悠地往回走。在回家的楼梯上，看到乐乐在到处张望，好像在找他妈妈一样。妻子当时心里甜蜜蜜的，就问乐乐："你怎么还没睡？"乐乐担心地说："妈妈是不是心情不好？出去这么长时间也没说一声。"妻子一把把乐乐抱进怀里，又问："哥哥呢？""哥哥睡了。"一听这话，妻子本来已消的气又上来了：一对双胞胎，为什么不一样？

回到房间，妻子一把把欢欢从床上拉起来，欢欢懵懵懂懂的。

妻子很严肃地对欢欢说："妈妈生气出去了，你怎么一点都不担心？"

欢欢生气地说："我不知道担心呀！"

妻子说："妈妈这么晚没有回家，你怎么想？"

"我没有想什么！"

妻子加重了语气："难道不怕妈妈有危险吗？"

欢欢也吼叫起来："不知道！"他已经彻底从睡梦中醒来，也很生气，因为他全然不知是怎么回事。

乐乐在一旁解释："妈妈刚才是生气才出去的。"

欢欢问："妈妈为什么要生气？"

是啊！妻子突然感觉自己太莽撞，责怪自己简直无中生有。便深深地做了个呼吸，极力调整自己的情绪。

妻子把欢欢搂在怀里，对欢欢循循善诱起来："假如妈妈没有了，你怕不怕？"

"怕。"

"刚才妈妈是生气才出去的，这样出去很容易出事的。"

"那妈妈就不要生气，也不要出去啊。"

"妈妈再也不生气，也不随便出去了。"妻子顿了顿，"但你要关心妈妈，多替妈妈着想。也要知道关心别人，多替别人想想。"

欢欢很茫然地说："可我不会呀。"

妻子说："跟别人在一起的时候，多替别人想想，人家有什么要你帮助的？你可以帮别人做什么？开始时没有这种习惯，没关系。尽量这样想，这样做，你慢慢就习惯了。"

欢欢点点头，温顺地说："妈妈，我知道了。"

欢欢又在他妈妈的相拥下安详地睡着了。

从那以后，欢欢真的改变了许多。吃东西会让别人先吃，即使吃一根冰棒，也会先给他妈妈吃一口。慢慢地，这种意识在他的脑海里生根开花，以致后来让他妈妈都有点后悔了。他任何时候随身会带两样东西：手电筒和救生钩。我们问他为什么总是带这两样东西，他说预防特殊情况，能及时去救人。

后来的欢欢好像时时事事都在提醒自己：关心集体，团结同学，孝敬长辈，爱护动物，珍惜自然。欢欢去新加坡莱佛士书院读书没几月，妻子与其他同学的父母共十几人一起去新加坡探望孩子。回国后，妻子也是哭了。但这次哭是因为欢儿一心为同学及家长服务，跑前忙后，妻子很是心疼地哭："同样一起到新加坡只有两个多月的小孩，为什么别人一家人迷路了，还要欢欢返回去接他们！"我宽慰妻子说："这是人家对欢欢的信任，说明欢欢情商高了，在不断走向成熟，我们应该自豪啊！"

再读读欢欢的文章《孩子》，我们真的很欣慰。

孩 子

还是一样的阳光，斜斜地洒在地上，把人们的影子留恋一样拉长，拖在身后，但没有带来一丝温暖。向天空极目，被叶隙撕碎的白云悠悠地飘在湛蓝的天幕上，好像时间是它们再熟悉不过的概念。有一年没有看到过深圳的冬天了，新加坡的四季有时可以在一天之内经历完。

也就一年而已。我看着母校深中的校园，不断安慰自己。

一年多前，毕业典礼结束时的掌声埋葬了我再次回到深圳中学的可能，紧接着的奖学金证书又在这块墓地上加了一抔土。初中时的回忆成了墓碑上的墓志铭，仅仅只是闲暇时浏览一圈，发发感叹，罢了。

我与钟的会面就是在这里，刻了三年铭文的墓碑旁边。第一次见面的时候，她娇小的体形和柔弱的外表让我和妈妈都不相信她能够带好一个班，一个近50个小孩的班。现在见面，她依旧娇小柔弱，只是她的怀里却抱着另一个小孩，她的女儿。

我早就知道钟生了个女儿，而且似乎还是四川地震那几天生的。

在她抱着这位天使慢慢与我会合时，脸上像冬日的阳光一样灿烂而温和地微笑着。目光大部分时间一直停留在她臂弯里那位天使的脸上，想必天使也应该在笑吧。

也许是为人母的经历让钟沉静了许多，在逗婴儿的时候也只是浅浅地笑。但是在初三的自习课上，她的笑容却是如夏日里的朝阳一样，抛撒在我们班的每个角落。与此同时，同学们的欢笑则是泛着浪的麦田，顺着阳光反射着生机和茁壮。有一次，钟甚至兴高采烈地揣着两个毽子冲进教室，用阳光的声音说："今天你们决定自己的命运。谁能踢30下，不用打扫卫生，40下，提早放学，50下，我给你们倒立。"

一阵劲风吹过，麦田里的麦浪一波比一波耀眼。最后，钟倒立完放下脚，一群小麦子就随着风飘出了教室，把笑声播撒满校园。

坐在肯德基的靠窗位子上。已经温暖的阳光照着钟温和的脸，正照进天使好奇的眼眸里。桌上的两杯柠檬茶静静散着悠闲的蒸气，温暖的阳光也随之湿润柔软起来。

钟的反应跟我预期的一样，一直在询问我在国外的生活情况，成绩倒很少提及。做了母亲的女人都会把自己孩子的身体健康和快乐程度放在心上，特别是距离遥远时。这都是我妈妈经常在我们的电话中体现的。

我当然说自己一切都好，气候、饮食都适应，生活挺轻松的。总之，曾经安慰我妈妈的话全烙在我的脑子里，直接翻出来就好。

钟还是时时望着坐在一旁的天使，眼神中依旧饱含着满足，现在又加入了许多希望。我看得出来，钟是希望她长大之后能像我说的一样快乐和轻松。

　　这种希望的眼神我不止一次在与其对视的眼睛里读到过。有在我得到嘉奖时，也有在我情绪低落时；有在我达到目标时，也有在我失去动力和方向时；有在我直言不讳时，也有在我恶言诋毁时。钟曾经用她希望的目光告诫我如何控制我的情绪；曾经用希望的眼神警告我不可与同学有过节，要处理好人际关系；也惋惜我心灵棱角的磨损，无法保持自己的立场，在交际中将自己打磨至圆滑。这些目光中透露的希望或多或少，有时甚至是被愤怒掩盖。但其就像从幽深的海底向上看随水波飘动的艳阳一样，"希望"这一点点坚定的光是无法隐去的。

　　天使的好奇已经转为不耐烦。从钟的口中得知她还没有在外边待过这么长的时间——不可避免的告别总会来临。

　　临走前，钟让我和天使一起照了几张相。照片上的我和天使好像用同一种目光，透过相机看着钟那满足而平静的微笑。其实我早就明白这眼神同样的原因。坐在天使的旁边，我可以感觉到我实际上和她一样小。在钟的面前，我们都是她所爱的孩子，三年来，钟为我和其他同学付出的爱将我们从小孩抚养成了青年。过往的幼稚变成了成长时留下的烟云，日渐硬朗的面容来自于十三年时光的雕刻，慢慢稳重沉静的性格来源于生活学习的沉淀。这一切的改变都是钟用她那娇小柔弱的身体和真诚的爱带领我们一步步完成的，就如同钟现在带领她的天使走在成长的道路上。在我怀抱天使时，她没有反抗，似乎这一抱是注定的，的确。抱着她的时候，我用心向她低语。你以后可能在成长中遇到困惑，在生活中碰到难处，在前行中难避险阻。但是你不用担心，钟她会带领你度过这一切的，你会越来越坚强，自立，也会越来越快乐和自由。我也是钟的孩子，我知道她一定会的。

你，听见了吗？

（此文刊登在《深圳特区报》，2009年7月27日）

　　欢欢现在是一个非常热心帮助人的孩子，有时甚至可以先不做自己的事情，也要帮别人办事。刚刚成年，他一个人跟团到新疆玩了15天，帮不认识的团友照了上千张照片，自己却很少。这还不说，主要是后期，他要把每一张相片修改后一一发给每一个团友。与此同时，我们一家正好也照了一组纪念照片，只有三十多张，我叫他赶快把照片给我修出来，他毅然还是帮别人先做。直到把照片发给团友后，才开始修我们的照片。

　　这种先人后己的思想已经在他脑海里根深蒂固了。

　　新加坡莱佛士初级学院毕业后，欢欢没忘记给学弟学妹写下了《A水准放榜后选科的一些建议》：

　　今天下午放榜的时候没能回母校确实比较遗憾。结果今天网上QQ，校内，MSN都有junior留言问大学的选科的问题。看来今年的学弟学妹们动作都比较快。以下给学弟学妹提出一些建议：

　　第一条建议，不要迷信官方公布的信息。每年，每所大学都会公布indicative grade profile，个人认为用处不大。对于大学专业完全没有任何咨询的同学们可以从上面看出哪些科目比较受欢迎。有些人认为10th percentile基本上等于cut off point，之前我也是这么认为的，不过后来才发现，cut off point远比10th percentile低。所以看到自己的成绩比10th percentile稍低时，还是有希望的。

　　第二条建议，积极询问学长学姐。我相信大部分学弟学妹都会去问，但是大部分人不知道应该问什么。

当然应该是该学长学姐现在所在的专业，当时的录取分数大概是什么样的（该学长学姐当时的具体成绩，同届录取的最低成绩，每科的成绩都要问，录取是暗箱操作，你永远不知道它到底怎么取人，资料越多越好。该学长学姐还有没有收到其他大学的录取通知，是什么专业）？

专业内容是什么（很多专业名字听起来并不清楚是学什么的，比如maritime study，Industrial system engineering。这些不问不行）？

专业前景如何（在什么行业就业，起薪，我承认这有点功利色彩，但是就算是不那么看重，起码也应该知道自己前路如何）？

主要学习方式是什么（lab+tutorial mid-term + final的模式，还是project+essay+final的模式）？

平均CAP/GPA是多少（这科的成绩看起来是以后的事情，但是有些专业生来分数较低，导致一些exchange program, university scholarship没办法申请）？

有什么特殊的program（有哪些到国外交流的机会，比如NUS的NOC不能不说对于商学生来说很鸡肋）？

Degree之下有多少种不同的major，分别都是干什么的（呃，我举个例子吧，NUS Business Administration底下可以major in finance, management, logistics, marketing，NBS也有大概5个不同的major可供选择）？

第三条建议，敢报。如果成绩不是太差（主要是GP成绩），不太需要担心上不了大学。所以报的前几个志愿的cut off可以比自己的成绩稍微高一点。前提是事先要调查清楚情况。这点是当年庞同学教我的，感觉成绩差得不远的时候，发邮件给自己心目中的faculty的dean，报上自己的成绩，问一下是否有希望入选。虽然dean的回复一般语气不太友善，但是很有用处。嗯，今天有学妹说到她收到dean的回复相当机械化，没有什么建设性内容。嗯，大的faculty招人确实与供求有关，dean也不能随便回复。所以如果是engineering的话，可以试着询问一下department head。而像FASS和science这样整个faculty合在一起作为一个application choice的，我也不知道怎么办了。

第四条建议，interview。interview这东西经历过这么多次，其实还是不得要领。其实严厉的interviewer是有好处的，他会直接指出你这方面有不足，给你机会自辩。最怕碰到一脸微笑的interviewer（没有性别歧视，一般是女性，男士一般比较直接），到了最后糊里糊涂被reject都不知道自己哪里做错了。

interview的时候记得不要和interviewer抬杠（我知道大家都明白这很傻，但是不仅是我，很多人都做过，叫作over-defensive）。在自辩的过程中很可能就开始否定interviewer的观点。嗯，很危险。

拿到interview，其实心情应该不是很好（凭什么别人都可以直接进，我还要interview？）。不要把这种心情带进面试场。不要以为之前的人都能顺利通过interview，我就肯定行。我承认，大学admission如果给interview的话，只要不出大错，一般都能进。但是一些自己以为不算大错的错误，在别人看来就是大错。

如果接到interview的通知，我建议不要自己一个人准备。最好能够找到相关专业的学长学姐，了解一些专业相关的内容，知道一些专业名词。比如你拿到business的interview，如果你跟interviewer说你想读finance，因为自己比较感兴趣。这不够。如果你能说出一些对冲基金，投资并购的专业知识，肯定是让人眼前一亮的。

补充：

一位热心engineering同学提供的传闻：

以下成绩是他收集到的所知的最低底线，如果拥有以下成绩，您还需要超好的运气和强悍的interview skill。

common engineering BBCC

chemical engineering AABB

electrical engineering BCCC

computer engineering 据说今年要换录取条件，所以去年数据作废。

mechanical engineering ABCC（不确定）

还有很多engineering course没有纳入，人力所及，期待其他人补充。

突然发现以上的文章可能过于乐观，还是要强调一点，如果成绩低于10th percentile的话，风险还是很高的，甚至于高于10th percentile都不一定能进。第一志愿自然是有一定的录取优势，所以是把它用来求稳，还是赌博，就是人生中的一个重要选择了。还有，Indicative grade profile不包含GP成绩，报志愿之前要调查清楚所报的志愿是否有GP方面的特殊要求。

欢欢说："我真佩服那些'后进生'，经常挨老师批评，但总能保持阳光心态。课堂上，老师刚当着全班同学的面批评他；下课铃一响，他又能继续活跃起来。"

向后进生学习

周三晚上，欢欢突然打电话回家，我拿起话筒就诧异地问："咦，欢欢，你不是每周六晚上打电话回家问候的吗？"电话那头一时没声音传来，我正着急时，欢欢说："昨天发生了一件事，我很烦。"听得出欢欢情绪非常低落。

原来昨天考试的时候，欢欢因为最后几个字没写完，没有及时在考试铃声响起一刹那停笔，监考老师居然当着几百个同学的面（他们是期末考试，全校在一起考）批评了他，他觉得很没面子，当时就想不通，还影响了他接下来的科目考试。事隔一天了，欢欢给我们打电话时，情绪还非常激动，说原来只看到别人这样被老师批评，从来就没有想到自己也会有这么一天。

得知这一情况，我真的惊诧了，简直不敢相信。说实话，我们好像从来没有看到他情绪这样反常的时候，大多数的情况，他还是报喜不报忧的。这样的事怎么会发生在欢欢身上？欢欢从小就是一个规则意识非常强的孩子！

欢欢的爸爸听到我和孩子的对话，也感到十分奇怪，凑到电话机旁。

我们听了电话，真的很生气，新加坡的老师怎么能这样对待一个未成年孩子？但我们知道不能再在欢欢面前添盐加醋了。我们立马调整心态，关切地说："欢欢，你做得很好！一个人在新加坡，不容易，有什么不愉快和困难，就应该这样告诉爸爸妈妈。谢谢儿子！你昨天就该打电话给我们的！我们也感觉监考老师处理事情的方法欠妥。"

见电话那头没说什么，我们继续说："其实细想起来，没什么值得生气的。首先是我们错了，没守规矩，该停笔时还在写。"

欢欢说："不是的，我觉得老师是故意跟我过不去。"

我说："监考老师认识你吗？你和监考老师曾有什么不愉快？"

"那倒没有，监考老师不认识我。"

"那就是了，老师又不认识你，怎么会故意跟你过不去？"我接着说，"我和你爸爸都是当老师的。老师的目的是教育学生，出发点不是惩罚。我们几十个学生在一起上课都讲组织纪律，何况你们那里几百号人在一起考试，更得强调规矩，监考老师不威严，那不乱套了？所以，老师当时的举动情有可原。还记得在小学和初中，你是怎么整理班级同学队伍的吗？同学们为什么听你指挥？你也不是采取罚站同学的方法吗？"

"昨天的事感觉太没面子了。"欢欢语气平和多了。

"你又不是抄袭，只是慢了一下，有什么没面子？同学们中间一定会有人在心里替你打抱不平呢，责怪那老师素质低，做过了呢。"

"也是，我原来看有的老师批评学生，就感觉老师水平太差，不尊重人。"

　　接着，我给欢欢讲了这么一件事。一个3岁小孩因先天性心脏病动了手术，一天他看着镜子说："我身上的伤口这么长，它永远不会好了。"孩子的母亲辛酸之余，解开自己的裤子，露出当年剖腹产时留下的刀口给孩子看，说："你看，妈妈身上也有这么长的一道伤口。以前你还在妈妈的肚子里的时候生病了，没有力气出来，幸好医生把妈妈的肚子切开，才把你救了出来，不然，你就会死在妈妈的肚子里。妈妈一辈子都感谢这道伤口呢！你也要谢谢你的伤口，不然你的小心脏也会死掉，你也见不到妈妈。"

　　欢欢听了后说："也是，没有伤口的人生是不完整的人生。这位母亲真有智慧！"

　　我说："对啊，成长中的任何人，谁也免不了受伤，伴着一次次受伤，会成就一步步人生。我们要感谢伤口！珍惜伤口！"我们平日所说的"舍得舍得，有舍就有得""失败是成功之母""小不忍则乱大谋""吃点小亏，得大便宜""舍财免灾"等等，不都是"感谢伤口"的折射吗？

　　当然，我重申欢欢这次行为还根本谈不上是"伤口"，所以，没必要生气。

　　欢欢接起了话茬，"不过，我还是担心学校会对我有什么处分，新加坡毕竟是一个法治的社会。"

　　"那我们现在问问你们校方监护人。"我们拨通了欢欢校方监护人电话，告知原委，得到了明确答复。"这是一件很小的事情，学校不可能会有什么处分的。"监护人轻描淡写地说，"事情过去了就让它过去了，不要把他放在心上。吸取教训就行了。我马上找欢欢谈谈。"

几天后，欢欢再次打电话回家告诉我："考试成绩出来了，上次那件事，我没有受到任何处分，只是最后写的题不给分，说是让我留下印记。"语气非常轻松，我们聊了差不多20分钟。

聊着聊着，欢欢说："我真佩服那些'后进生'，经常挨老师批评，但总能保持阳光心态。课堂上，老师刚当着全班同学的面批评他；下课铃一响，他又能继续活跃起来。"

儿子的话刺激了我，我说："真的耶，我还从没想过这个问题。我们应该向'后进生'学习。"

通过这件事情，我想了很多，欢欢是一个优秀的孩子，对自己的要求一直非常严格，挨批评的机会很少，遇到这样的批评更是他没有想到的，他的心里一下子接受不了。

我非常感谢这次的事件。这件事情暴露了我们教育的漏洞，孩子优秀，受到的批评少，承受挫折的能力就小，一旦发生什么事情就接受不了了。其实孩子应该是在挫折中成长的，不能像温室的花朵一样。日本的一些家庭在教育孩子的时候，故意让孩子失败，经受挫折。有些成功的人士也不是学校里优秀的学生，反而是那些在学校里经常受到老师批评的"后进生"，他们在学校里经常受批评，有时一天都要挨批评几次，还有同学们的嘲笑，他们在学校的时候就练就了怎样去接受失败、接受嘲笑、接受挫折的心理，而且还找到了自我调节的方法，可以说是练就了"金刚不坏之身"。所以他们走出学校后，不管遇到多大的困难，都会有去战胜、去克服的心理，大不了就像在学校一样被别人嘲笑罢了，又不是没有经历过的，只不过是从头再来。因为他们不怕失败，所以他们成功的机会就很多。优秀的学生爱面子，怕丢人，瞻前顾后，反而过不去这样的坎。因此我想，在我们以后的教育中，是否应该有意加进一些挫折教育，失败教育？！

当然，我也暗暗思忖：我们做老师的，必须明白，教育的终极目标就是引导学生自主、快乐、健康成长，我们要目中有人，心中有人，以人为本。尤其批评学生时应该多想想学生的感受。

幼小的孩子没有成人般强烈的是非观念，他的一切行为，不论在成人眼里是好还是不好，其实都有个正面积极的动机，只是成人习惯了不分青红皂白、不问缘由地用自己的标准去评价孩子，而忽略了孩子的感受。

宝贝，对不起！

看了龙应台的《孩子，你慢慢来》这本书，有了写书的冲动！龙应台用她那细腻的笔触，娓娓道出了一个做母亲的自豪，描写了她的两个儿子安安和飞飞小时候的成长故事，淡淡的回忆，深深的爱恋，让我那个感动呀！我也是一个母亲呀，我也有很多很多的回忆，我们家的两个小宝贝小时候也有很多让我值得去回忆的，可是，我太笨了，拿起笔，又不知道从哪里下手？

我今天写这篇文章的目的是为了给儿子道歉的，早就想这样做了，只是没有勇气，是《孩子，你慢慢来》这本书促使我反思。书中的一个片段对我有很大的触动。安安和朋友弗瑞弟一块去超市，两个孩子不过八岁的样子。弗瑞弟在超市里偷了巧克力，安安知道却没有说，后来还是东窗事发。令我感慨的是超市主人的处理方法，他没有当面训斥孩子，也没有大声嚷嚷地引人围观，而是不动声色地截住孩子，再不动声色地通知家长。弗瑞弟的家长刚好不在家，于是安安妈妈去了超市。

安安妈妈和超市主人从头至尾没有吓唬孩子，没有训斥他的错误做法，更没有上纲上线到指责孩子的为人。所有知情者自始至终没有在大庭广众之下说弗瑞弟"偷"，大家选择了中性的"拿"。超市老板只是先让家长来决定如何处理，并完全尊重家长的意见——事后，弗瑞弟在爸爸的带领下，捧着一束鲜花去超市道歉，并被禁足一周，和安安一样要清扫自家花园的树叶，不能看电视……

龙应台和超市的老板处理这件事情的做法，深深地教育了我。同样的事情如果发生在我们这里，一定是不同的处理方案了吧：先是超市保安大声训斥孩子，有的甚至直接动手了。围观的群众也齐声指责孩子，批评的话语可能涉及人身攻击……反正不管孩子动机，不理孩子感受。接下来，家长可能会有两种态度，一是护短，花钱息事宁人；二是打骂孩子，丢人现眼。也许只有很少的家长能顶住压力，用上面安安妈妈一样的方法来开解孩子吧？

对比中，我感觉龙应台和超市老板太睿智了，我为什么没有早点看到这本书？那我就不会有今天的后悔了。因为在我的身上也发生了同样的事情。

乐乐在读小学一年级的时候，他上的是住读的学校，一个星期才回家一次，每天跟同学吃住都在一起。他是个无私的孩子，还分不清别人的东西和自己的东西，自己的东西很大方地给别人，也理所当然地认为人家的东西也可以随便拿。记得那个时候，他迷上了玩磁铁，就是那种可以粘在黑板上的，有各种颜色，老师上课时用的。记得有一天放学，他的班主任找到我，很严肃地对我说："乐乐有小偷的嫌疑。"我忙问是怎么回事，她说乐乐把老师的磁铁全部偷到他的书包里去。她用的是"偷"。我当时就懵了，自然把焦点放在了"偷"字上，这样怎么行？我不能让他这种行为延续下去，我得好好地教育他呀。我的母亲教育我的"小时偷针，大时偷金"一下子在我的脑海里出现了。所以我应该是及时找到乐乐，好好教育他。当时我确实是这样做的。我记得当时我狠狠地打了他一通，还振振有词地教育了很长的时间，甚至还要他保证以后再也不许做这样的事情了。

我现在才知道，幼小的孩子没有成人般强烈的是非观念，他的一切行为，不论在成人眼里是好还是不好，其实都有个正面积极的动机，只是成人习惯了不分青红皂白、不问缘由地用自己的标准去评价孩子，而忽略了孩子的感受。我们不能要求孩子一出生就像成人般懂事、明理，如果从不会"犯错"他们还是孩子吗？成人应该尊重孩子，理解他们的发展和探索的需求，而不是粗暴地干涉和指责。

相比超市主人和安安妈妈，我当时的"做法"多么伤害孩子啊！至今我还记得乐乐那一副非常茫然、非常委屈的样子，他真的以为是没有什么的呀，只是喜欢，拿来玩玩而已！没想到，被妈妈特别是班主任上升到了"偷"的高度了。现在想起来，心里真不是滋味，眼里涌出了后悔的泪水。在心底深处说声："宝贝，对不起！你的妈妈教育水平太低了，你是多么无邪的孩子呀！"

更让我羞愧难当的是，长大后的乐乐在一次晚餐时开玩笑说："其实，那次偷磁铁，是为了第二天交给老师，想得到老师表扬的。我那时总是看到同学捡到东西交给老师，受到老师表扬，我想自己怎么就捡不到东西？便想到这一招。"每次想到这件事，我恨不得打自己，就像当年痛打乐乐一样。我再次在心里呼喊："宝贝，对不起！你的妈妈太不了解你了，我怎么能不相信我自己的孩子呢？"

我们做父母的都爱孩子，这是连母鸡都知道的事。但怎样才是爱呢？我们再次读起这样的话：

"当你只注意孩子的行为时，你就没有看见孩子；当你关注孩子行为后面的意图时，你就开始看孩子了；当你关心孩子意图背面的需要和感受时，你就真的看见孩子了——透过你的心看见了孩子的心，这是你的生命和孩子生命的相遇，爱就发生并开始在亲子间流动，和谐而暖人！这就是真爱你的孩子！"

　　俗话说："教无定法。"家庭教育没有标准答案，但会留下我们共同探索的足迹。只要父母以孩子为本，树立"横看成岭侧成峰"的教育理念，发扬"语不惊人死不休"的探索精神，就会为明天编织一幅美妙的丰收图，那就是"喜看稻菽千重浪，倾听幼竹拔节声"。

　　有心的地方，就会有发现；有发现的地方，就会有欣赏；有欣赏的地方，就会有爱；有爱的地方，就会有美；有美的地方，就会有自由；有自由的地方，就会有快乐！

——摘自肖川《教育的理想与信念》第261页